KHALIL GIBRAN
Der Prophet

GOLDMANN
Lesen erleben

KHALIL GIBRAN

Der Prophet

Mit einem Vorwort von RUPI KAUR

Übersetzt von Jochen Winter
und Anna Julia Strüh (Vorwort)

Illustriert von Mats Bergen

GOLDMANN

Die englische Originalausgabe erschien 2019 unter dem Titel
»The Prophet. Foreword by Rupi Kaur« bei Penguin Classics,
einem Imprint von Penguin Random House LLC, in New York, USA.

 Dieses Buch ist auch als E-Book erhältlich.

Verlagsgruppe Random House FSC® N001967

1. Auflage

Deutsche Erstausgabe Oktober 2020
© 2020 Wilhelm Goldmann Verlag, München,
in der Verlagsgruppe Random House GmbH,
Neumarkter Str. 28, 81673 München
Umschlaggestaltung: UNO Werbeagentur, München
Umschlagmotiv: © Mats Bergen / diekleinert.de
Illustrationen: © Mats Bergen / diekleinert.de
Lektorat Vorwort: Ingrid Lenz-Aktaş, Aschheim
Lektorat Text: Eckard Schuster, München
JG · Herstellung: TW
Layout: TW
Satz: Satzwerk Huber, Germering
Druck: Těšínská tiskárna
Printed in Czech Republic
ISBN 978-3-442-22304-6

www.goldmann-verlag.de

INHALT

VORWORT

»Es kam, und dann ging es vorbei«, sagt mein Vater über die letzten fünfzig Jahre seines Lebens.

Ich schließe die Augen und stelle ihn mir mit fünfzehn vor, wie er im Heimatdorf seiner Familie im ländlichen Punjab durch die schmalen, sich windenden Gassen rennt. Gelegentlich jagt er seine Freunde. Manchmal entkommt er einem Cousin oder einem seiner älteren Geschwister, die ihm eine Tracht Prügel verpassen wollen. Oder er eilt zu den Feldern, um seinem Vater und Großvater eine warme Mahlzeit zu bringen. Und eines Tages rennt er dann um sein Leben.

Er rennt eine gefühlte Ewigkeit. Die verschlungenen Gassen, in denen er zu Hause war, wollen ihn nicht mehr. Nach Monaten gelingt ihm endlich die Flucht, ehe seine alte Heimat ihn verschlingt. Er erreicht ein neues Land, das bereit ist, ihm Asyl zu gewähren. Ich frage mich, was er aus seinem Leben machen wollte, bevor die politische Lage alles verändert hat.

Was würde jener junge Mann wohl von dem alten Mann halten, zu dem er geworden ist?

Diese Frage stelle ich ihm jedoch nicht. Ich befürchte, die Antwort würde mir das Herz brechen. Stattdessen suche ich sie in den Geschichten, die er uns seit unserer Kindheit erzählt. Als er uns im winzigen Wohnzimmer unserer Kellerwohnung um sich versammelte. An jenen Abenden wurden wir Zeugen des Soundtracks seines chaotischen Lebens. Das waren die einzigen Momente, in denen wir bei dem strengen, hart gewordenen Mann, den wir kannten, einen Hauch von Verletzlichkeit wahrnahmen. Er sang dann Sikh-*Shabads*, Sufi-Poesie und seine Lieblings-*Qawwalis*. Mein Vater liebte die spirituellen Nonkonformisten und Aufrührer der Vergangenheit, daher waren Baba Farid, der heilige Nanak Dev und Nusrat Fateh Ali Khan ständig zu Gast in unserem Wohnzimmer. Er sprach von Liebesbriefen, von denen wir uns nicht vorstellen konnten, dass er sie jemals an unsere Mutter geschrieben hatte. Er hielt lange Monologe über Revolutionen, die ihn seine besten Jahre gekostet, und Regierungen, die ihm seine besten Freunde geraubt hatten. Und wenn er das Schwere, das er durchgemacht hatte, nicht in Worte fassen konnte, ließ er Khalil Gibrans *Der Prophet* für sich sprechen.

Damals ahnte ich nicht, dass die Geschichten, die mein Vater uns an jenen Abenden erzählte, eines Tages mein eigenes Schreiben inspirieren würden. In jenen frühen Jahren hätte ich nicht einmal davon geträumt, später selbst Dichterin werden zu können. Stattdessen betete ich, mein Vater möge endlich aufhören, über Gibran zu reden, damit ich weiter fernsehen konnte. Das war etwas, das meinem siebenjährigen Ich viel besser gefiel.

Die Jahre vergingen, und ich beachtete *Der Prophet* nicht weiter. Aber wenn etwas vorherbestimmt ist, dann schmiedet das Universum einen Plan, um es geschehen zu lassen. Irgendwie gelang es diesem Buch, wieder zu mir zu finden. Es war ein heißer Sommertag, und ich war mit meinen Schwestern in der Bibliothek. Sie gingen gleich zu den Videokassetten, während ich beschloss, es einmal mit Hörbüchern zu versuchen. Auf dem Weg dorthin musste ich an einigen Sitzgruppen zum Lesen und Lernen vorbei. Mein Blick fiel auf etwas, das auf einem der Tische lag. Es war ein Buch – aufgeschlagen und mit der Schrift nach unten. Als hätte jemand beim Lesen plötzlich gehen müssen. Es sah einsam aus, und etwas in mir fühlte sich davon angezogen. Ich spürte eine gewisse Vertrautheit, obwohl es mir nicht bekannt vorkam. Ich nahm es in die Hand, wie es sein letzter Leser abgelegt hatte, und las:

*Einige unter euch sagen: »Die Freude übersteigt die
Trauer«, während andere meinen: »Nein, die Trauer
überwiegt.«*

Ich aber sage euch: Beide sind unzertrennlich.

*Sie kommen Hand in Hand, und wenn die eine mit
euch allein an eurem Tisch sitzt, so vergesst nicht, dass
die andere auf eurem Bett schläft.*

Nichts gab mir je so viel Halt wie diese Worte. Ich erinnere mich noch genau daran, wie sich etwas in mir für immer veränderte, als ich sie zum ersten Mal las. An jenem Tag in der Bibliothek wurde *Der Prophet* mein Vertrauter und Berater. Denn es sagte nicht, dass mein Leben leicht sein würde. Es gab zu, dass das Leben schwer ist. Aber das Universum hat uns mit den Mitteln ausgestattet, diese Schwierigkeiten zu überwinden. Vielleicht hatte mein Vater doch keinen so schlechten Geschmack. Seit jenem Tag habe ich das Buch unzählige Male gelesen. Ich habe Dutzende Exemplare besessen und verschenkt. Eines habe ich immer in meiner Reisetasche.

Was ich damit sagen will: Dieses Buch hat mein Herz weit geöffnet. Und ich glaube, das wird es auch mit euren tun.

Es gibt kein Rezept dafür, etwas zu schreiben, das zehn Millionen Leser erreicht. Ich habe sehr lange darüber nachgedacht, warum *Der Prophet* zu Khalil gekommen ist. Ich glaube, dass ihn die schiere Fülle seiner Erfahrungen zum Schreiben inspiriert hat. Er war ein maronitischer Christ, der zwar im Libanon geboren, aber schon mit zehn Jahren nach Amerika ausgewandert war. Er war ein Künstler mit vielen Facetten. Er zeichnete, er malte, er war ein sehr engagierter Aktivist und kämpfte für politische Reformen im Libanon. Er bewegte sich in vielen verschiedenen Welten, lernte stets dazu und war nie untätig. Vielleicht verdankte er all diesen Erfahrungen die Weltsicht, mit der er ein Werk schaffen konnte, das Menschen überall auf der Welt anspricht.

Ein Freund von mir scherzt gerne, dass dieses Buch die Bibel der Andersdenkenden des zwanzigsten Jahrhunderts ist. Es gab einer zynischen, noch unter der Zerstörung des Ersten Weltkriegs leidenden Welt wieder Hoffnung, indem es einer Nachkriegsära, der alles Romantische gewaltsam abhandengekommen worden war, einen neuen Begriff von Romantik gab, und wurde später zu einer Muse für die Träumer der 60er-Jahre. Jedes Jahrzehnt erfindet sich *Der Prophet* neu, um für seine Leser genau das zu sein, was sie brauchen.

Vielleicht fragst du dich, worin der Zauber dieses Buches liegt. Wie es nach fast hundert Jahren immer noch genauso aktuell und relevant wie eh und je sein kann. Warum habe ich es schon Dutzende Male gelesen? Weil ich nicht das Gefühl habe zu lesen. Es ist, als würde ich mein Lieblingslied hören. Die Verse fließen dahin wie Musik. Gibran webt in jede Zeile Mystik und Spiritualität ein. Ich spüre die Sufi-Rhythmen mit christlichen Sprechgesängen und arabischer Folklore verschmelzen wie eine Gruppe verloren geglaubter Freunde. Gibran ist der Dirigent, die Worte sind sein Orchester, und er lässt sie aus den Seiten tanzen und sanft in deinem Inneren landen.

Als immigrierte Dichterin aus Südasien, die in ihrer Zweitsprache schreibt, denke ich oft über die verschiedenen Welten nach, die ich selbst bewohne. Nicht nur wegen der Themen, über die ich schreibe, sondern auch wegen meiner *Art* zu schreiben. Gibran steht im Mittelpunkt dieser Neugierde. Es fasziniert mich, dass sein Stil nie an einen bestimmten Ort oder eine bestimmte Zeit gebunden war. Aufgrund seiner libanesischen Wurzeln war er nicht ganz Amerikaner, und weil er die meiste Zeit seines Lebens in Amerika verbracht hat, war er nicht ganz Libanese. Wenn ich sein Buch lese, nehme ich den Rumi in seiner Sprachmelodie ebenso wahr wie die Transzendentalisten seiner neuenglischen Heimat. Seine Poesie unterscheidet sich stark von den traditionellen Stilen, die sowohl die arabische als auch die westliche Literatur dominiert hatten. Gibran schlug eine Brücke zwischen diesen beiden Welten, sein Werk ist zeitlos und universell.

Der Prophet erlaubte mir, aus meiner unberührten Seele und meinen unausgesprochenen Erfahrungen zu schöpfen, um Kunst daraus zu machen. *Der Prophet* – und der Mann hinter ihm – haben die Poetin in mir befreit. Und als diese Poetin frei war, griff sie furchtlos auf all die abendlichen Gespräche zurück, die sie mit ihrem Vater geführt hatte, und begann die Schönheit und das Leid seiner Gefühle zu erkunden.

Bis heute schreibe ich zum Klang der Punjabi-Folksongs, mit denen ich aufgewachsen bin. Der Sikh-*Shabads,* die ich gesungen habe. Meiner Lieblings-Sufi-Texte und -*Qawwalis.* In meine Herkunft einzutauchen und meine zwei Welten zu verbinden, verändert nicht nur den Klang dessen, was und wie ich schreibe, sondern gibt mir auch ein Gefühl von Heimat. Und ich bin nur eine von unzähligen Autorinnen und Autoren, denen es so geht.

Seit jenen Jahren im winzigen Wohnzimmer unserer Kellerwohnung ist Mr Gibran, dem ich damals grollte, zu meinem Mentor und Verbündeten geworden.

Dieses Buch wendet sich nicht nur an Liebhaber von Dichtung, sondern an alle, die sich fragen, was es mit diesem Phänomen, das wir Leben nennen, auf sich hat. Wenn du nach etwas suchst, das dich durch die schmerzhaftesten Augenblicke deines Lebens bringt, dich aber auch in den Momenten größter Freude erdet, dann hältst du die Antwort bereits in Händen. Die Gedichte auf diesen Seiten werden auch zu deinem Heilmittel und deinem Mentor werden. Und während du älter wirst, werden die Worte mit dir altern. Während du dich weiterentwickelst, wird es dir *Der Prophet* gleichtun – und zu dem werden, was du genau dann brauchst – eine Stütze, eine Zuflucht, ein Freund. Er ist ein Chamäleon. Er ist sowohl die Raupe als auch der Schmetterling.

Wenn du zum ersten Mal hierherkommst: Willkommen. Ich beneide dich.

Wenn du schon einmal vor diesen Toren standst: Schön, dich wiederzusehen, alter Freund.

Rupi Kaur

DIE ANKUNFT DES SCHIFFES

Al-Mustafa, der Erwählte und Geliebte, ein Morgendämmer für seine Zeit, hatte zwölf Jahre in der Stadt Orphalese auf die Ankunft des Schiffes gewartet, das ihn zu der Insel zurückbringen sollte, wo er zur Welt gekommen war.

Und im zwölften Jahr, am siebten Tag des Erntemonats Ailul, bestieg er den Hügel außerhalb der Stadtmauern und schaute aufs Meer; da gewahrte er sein Schiff, das mit dem Dunst langsam näher rückte.

Die Tore seines Herzens wurden aufgestoßen, und seine Freude flügelte weit hinaus über die Fluten. Und er schloss die Augen und betete in der Stille seiner Seele.

Doch als er den Hügel wieder hinabstieg, ergriff ihn eine Wehmut, und er dachte bei sich:

Wie soll ich in Frieden und ohne Kummer von hier fortgehen? Nein, nicht ohne eine Wunde in der Seele werde ich diese Stadt verlassen.

Lang waren die leidvollen Tage, die ich in ihren Mauern verbrachte, und lang die einsamen Nächte; und wer kann sich ohne Bedauern abkehren von seinem Leiden und seiner Einsamkeit?

Zu viele Splitter meines Geistes habe ich verstreut in diesen Straßen, und zu zahlreich sind die Kinder meiner Sehnsucht, die nackt zwischen jenen Hügeln wandeln, als dass ich mich ihnen entziehen könnte ohne Bürde, ohne Schmerz.

Es ist kein Gewand, das ich heute abstreife, sondern eine Haut, die ich mir mit eigenen Händen wegreiße.

Noch ist es ein Gedanke, den ich zurücklasse, sondern ein Herz, sanft gestimmt durch Hunger wie durch Durst.

Indes, ich darf nicht länger harren.

Das Meer, das alles zu sich ruft, ruft auch mich, und so muss ich aufbrechen.

Denn obwohl des Nachts die Stunden brennen, bedeutet Bleiben, starr zu werden, zu ver-
härten gleich einem Kristall und gebunden zu sein
in fester Form.

Gern nähme ich all das
mit, was hier vorhanden.
Aber wie könnte ich's?
Eine Stimme kann nicht
tragen Zunge und Lippen, die ihr Flügel verliehen. Allein muss sie sich aufschwingen zum Äther.

Und allein, ohne seinen Horst, fliegt der Adler an der
Sonne vorüber.

Da er nun den Fuß des Hügels erreichte, wandte er sich
noch einmal dem Meer zu und sah sein Schiff in den
Hafen treiben, am Bug die Seeleute, die Männer seines
Landes.

Und seine Seele rief ihnen laut entgegen, und er sprach:
Söhne meiner uralten Mutter, ihr Reiter der Gezeiten,
Wie oft ihr gesegelt seid in meinen Träumen! Und
jetzt kommt ihr in meinem Erwachen, das mein tieferer
Traum ist.

Bereit bin ich zur Abfahrt, und mit straff gehissten Segeln erwartet mein Verlangen den Wind.

Nur einen Atemzug noch will ich tun in dieser stillen Luft, nur noch einen liebevollen Blick zurückwerfen,

Dann werde ich einer der euren sein, Seefahrer unter Seefahrern.

Und du, unermessliches Meer, schlaflose Mutter,

Die allein Frieden und Freiheit schenkt dem Fluss und dem Bach,

Nur eine Windung noch wird dieser Bach vollziehen, nur ein Raunen noch durch diese Lichtung gehen,

Dann werde ich zu dir heimkehren, ein grenzenloser Tropfen zu einem grenzenlosen Ozean.

Und als er den Weg beschritt, erblickte er aus der Ferne Männer und Frauen, die ihre Felder und Weinberge verließen und eilends die Richtung zu den Stadttoren einschlugen.

Und er hörte, wie ihre Stimmen seinen Namen riefen und weithin vernehmbar von Feld zu Feld die Ankunft seines Schiffes verkündeten.

Da sagte er zu sich:

Soll etwa der Tag des Abschieds der Tag der Zusammenkunft werden?

Und soll es einst heißen, mein Abendrot sei in Wahrheit mein Morgendämmer gewesen?

Und was soll ich dem geben, der seinen Pflug inmitten der Furche stehen ließ, oder jenem, der das Rad seiner Kelter anhielt?

Soll mein Herz zu einem Baum werden, schwer beladen mit Früchten, die ich pflücke, um sie ihnen zu reichen?

Und werden meine Wünsche wie eine Quelle sprudeln, auf dass ich ihre Becher fülle?

Bin ich eine Harfe, über deren Saiten die Finger des Allmächtigen streichen, oder eine Flöte, durch die Sein Atem strömt?

Ein Sucher der Stille bin ich, doch welchen Schatz hat sie mir offenbart, den ich guten Mutes verteilen könnte?

Wenn dies mein Tag der Ernte ist, auf welchen Feldern habe ich dann die Saat gesät, und in welchen vergessenen Jahreszeiten geschah es?

Wenn dies tatsächlich die Stunde sein soll, da ich meine Laterne hochhalte, so ist es nicht meine Flamme, die darin brennen wird.

Leer und dunkel werde ich meine Laterne heben,

Und der Hüter der Nacht mag sie befüllen mit Öl, mag sie desgleichen entzünden.

Diese Worte flüsterte er sich zu. Vieles jedoch in seinem Herzen blieb ungesagt. Denn sein tieferes Geheimnis vermochte er nicht auszusprechen.

Kaum hatte er den Fuß in die Stadt gesetzt, liefen alle Bewohner herbei, ihm zu begegnen, und redeten laut wie aus einem Mund.

Die Ältesten traten vor und sagten:

Geh noch nicht fort von uns.

Ein Mittag bist du gewesen in unserem Zwielicht, und deine Jugend hat uns Träume zum Träumen gegeben.

Kein Fremder bist du unter uns, auch kein Gast, sondern unser Sohn und unser innig Geliebter.

Mute nicht schon jetzt unseren Augen zu, dein Antlitz schmerzlich zu vermissen.

Und die Priester und Priesterinnen erklärten ihm:

Dulde es nicht, dass die Wellen des Meeres uns

nun trennen und die Jahre, die du in unserer Mitte verbrachtest, nur mehr Erinnerung sind.

Du bist gewandelt unter uns als ein Geist, und dein Schatten war auf unsren Gesichtern ein Licht.

Tief haben wir dich geliebt. Doch sprachlos war unsre Liebe und in Schleier gehüllt.

In diesem Moment aber schreit sie nach dir und möchte unverhüllt vor dir erscheinen.

Und immer schon ist es so gewesen, dass die Liebe ihre Tiefe nicht kennt, ehe die Stunde der Trennung anbricht.

Und andere drängten herbei und flehten ihn an. Er aber antwortete ihnen nicht, neigte nur den Kopf; und jene, die in der Nähe standen, sahen seine Tränen auf die Brust fallen.

Daraufhin schritten er und die Menge zum großen Platz vor dem Tempel.

Und aus dem Heiligtum trat eine Frau, deren Name Al-Mitra lautete. Und sie war eine Seherin.

Mit überströmender Zärtlichkeit erblickte er ihre Gestalt, hatte sie doch als Erste ihn aufgesucht und an ihn geglaubt, da er gerade erst einen Tag in ihrer Stadt gewesen.

Sie grüßte ihn und sprach:

Prophet Gottes, auf der Suche nach dem Allerhöchsten, lange hast du die fernen Weiten nach deinem Schiff durchforscht.

Jetzt ist es angekommen, und du musst aufbrechen.

Tief ist deine Sehnsucht nach dem Land deiner Erinnerungen und dem Wohnsitz deiner größeren Wünsche; und unsere Liebe soll dich nicht binden, noch unsere Bedürftigkeit dich zurückhalten.

Aber ehe du uns den Rücken kehrst, bitten wir dich, dass du zu uns sprichst und uns an deiner Wahrheit teilhaben lässt.

Dann werden wir sie an unsere Kinder weitergeben und diese wiederum an ihre Kinder, und so soll deine Wahrheit nicht vergehen.

In deiner Einsamkeit hast du über unsere Tage gewacht und in deinem Wachen dem Weinen und Lachen in unserem Schlaf gelauscht.

Enthülle nun also, was uns verborgen geblieben ist, und erzähle uns all das, was dir offenbart wurde über das Leben zwischen Geburt und Tod.

Und er erwiderte:

Bewohner von Orphalese, wovon könnte ich sprechen, wenn nicht von dem, was seit jeher und noch immer eure Seelen bewegt?

VON DER LIEBE

Da sagte Al-Mitra: Sprich uns von der Liebe.

Und er hob den Kopf und blickte auf die versammelten Menschen, die jäh in Schweigen versanken. Und mit mächtiger Stimme sagte er:

Wenn die Liebe euch lockt, so folgt ihr,

Auch wenn ihre Wege beschwerlich und steil sind.

Und wenn ihre Fittiche euch umfangen, so gebt ihr nach,

Auch wenn das unter den Federn verborgene Schwert euch verwundet.

Und wenn sie zu euch spricht, so glaubt an sie,

Auch wenn ihre Stimme eure Träume zerschmettert, gleich wie der Nordwind den Garten verwüstet.

Denn wie die Liebe euch krönt, so wird sie euch kreuzigen. Wie sie euch wachsen lässt, so wird sie euch zurechtstutzen.

Wie sie emporsteigt zu euren Höhen und eure zartes-
ten Zweige liebkost, die in der Sonne erzittern,

So steigt sie hinab zu euren Wurzeln, die sich an die
Erde klammern, und rüttelt sie auf.

Wie Korngarben sammelt sie euch, bindet euch an sie.

Sie drischt euch, um euch zu entblößen.

Sie siebt euch, um euch von eurer Spreu zu befreien.

Sie mahlt euch, bis ihr die Farbe von reinem Weiß
annehmt.

Sie knetet euch, bis ihr geschmeidig seid.

Dann übergibt sie euch ihrem heiligen Feuer, auf dass
ihr heiliges Brot werdet für Gottes heiliges
Mahl.

All dies wird die Liebe
an euch wirken, damit
ihr um die Geheim-
nisse eures Her-
zens wisst

und in diesem Wissen ein Teil vom Herzen des Lebens werdet.

Doch sucht ihr aus Angst nur der Liebe Frieden und Vergnügen,

So tätet ihr gut daran, eure Blöße zu bedecken, den Dreschboden der Liebe zu verlassen und

Einzukehren in die Welt ohne Jahreszeiten, wo ihr lachen werdet, aber nicht euer ganzes Lachen, und weinen, aber nicht all eure Tränen.

Die Liebe schenkt nichts als sich selbst und nimmt nichts als von sich selbst.

Die Liebe besitzt nicht, noch will sie besessen werden;

Denn der Liebe ist die Liebe genug.

Wenn ihr liebt, sollt ihr nicht sagen: »Gott ist in meinem Herzen«, sondern: »Ich bin im Herzen Gottes.«

Und denkt nicht, ihr könntet den Lauf der Liebe lenken, denn erweist ihr euch als ihrer würdig, ist sie es, die euren Lauf lenkt.

Die Liebe hat keinen anderen Wunsch, als sich zu erfüllen.

Doch wenn ihr liebt und nicht umhinkönnt, Wünsche zu hegen, dann sollen es diese sein:

Zu zerfließen und einem rauschenden Bach zu gleichen, der seine Melodie zur Nacht singt;

Zu erfahren den Schmerz, den ein zu tiefes Zartgefühl zufügt;

Verwundet zu werden von eurem eigenen Verständnis der Liebe;

Und zu bluten, bereitwillig und frohgemut;

Zu wachen im Morgendämmer mit beschwingtem Herz und abzustatten den Dank für einen neuen Tag des Liebens;

Zu ruhen zur Mittagsstunde und nachzusinnen über die Verzückungen der Liebe;

Heimzukehren des Abends, ergriffen von Dankbarkeit;

Einzuschlafen dann, im Herzen ein Gebet für das geliebte Wesen, auf den Lippen einen Lobgesang.

VON DER EHE

Wieder erhob Al-Mitra ihre Stimme und fragte: Und wie verhält es sich mit der Ehe, Meister?

Und er antwortete:

Zusammen wurdet ihr geboren, und zusammen werdet ihr bleiben bis in alle Ewigkeit.

Ihr werdet zusammen sein, wenn die weißen Flügel des Todes eure Tage zersprengen.

Ja, noch im stillen Gedächtnis Gottes werdet ihr zusammen sein.

Doch lasst einander freie Räume in eurem Zusammensein.

Und lasst die Winde des Himmels zwischen euch tanzen!

Liebt einander, aber macht aus der Liebe keine Fessel.

Lasst sie eher eine wogende See zwischen den Gestaden eurer Seelen sein.

Füllt einander den Becher, aber trinkt nicht aus dem einen nur.

Teilt eure Brote miteinander, aber esst nicht vom selben Laib.

Singt und tanzt zusammen und seid fröhlich, aber lasst einander allein sein,

Ebenso wie die Saiten einer Laute allein sind, auch wenn die gleiche Musik sie gemeinsam in Schwingung versetzt.

Gebt eure Herzen hin, aber nicht in des anderen Gewahrsam.

Denn einzig die Hand des Lebens kann eure Herzen umschließen.

Und steht zusammen, aber nicht zu nah beieinander:

Denn die Säulen des Tempels stehen auseinander,

Und weder Eiche noch Zypresse gedeihen in der anderen Schatten.

VON DEN KINDERN

Und eine Frau, die einen Säugling an ihre Brust drückte, bat: Sprich uns von den Kindern.

Und er sagte:

Eure Kinder sind nicht eure Kinder.

Sie sind die Söhne und die Töchter der Sehnsucht des Lebens nach sich selbst.

Sie kommen durch euch, aber nicht von euch,

Und obwohl sie bei euch sind, gehören sie euch doch nicht.

Ihr könnt ihnen eure Liebe geben, aber nicht eure Gedanken,

Denn sie haben ihre eigenen Gedanken.

Ihr könnt ihre Körper beherbergen, aber nicht ihre Seelen,

Denn ihre Seelen wohnen im Haus des Morgen, zu dem ihr keinen Zutritt habt, nicht einmal in euren Träumen.

Ihr könnt euch mühen, ihnen ähnlich zu werden, aber trachtet nicht danach, sie euch ähnlich zu machen.

Denn nicht rückwärts läuft das Leben, noch verweilt es im Gestern.

Ihr seid die Bogen, von welchen eure Kinder als lebendige Pfeile ausgesandt werden.

Der Schütze sieht das Ziel auf der Bahn des Unendlichen, und Er spannt euch mit Macht, auf dass Seine Pfeile schnell fliegen und weit.

Mögt ihr in des Schützen Hand gespannt sein um der Freude willen;

Denn gleich wie Er den schwirrenden Pfeil liebt, liebt Er auch den beständigen Bogen.

VOM GEBEN

Daraufhin sagte ein wohlhabender Mann: Sprich uns vom Geben.

Und er antwortete:

Ihr gebt nur wenig, wenn ihr von euren Besitztümern gebt.

Wahrhaftig gebt ihr erst, wenn ihr von euch selbst gebt.

Denn was sind eure Besitztümer anderes als Dinge, die ihr bewahrt und bewacht aus Angst, ihr könntet deren morgen bedürfen?

Und morgen, was soll das Morgen bringen dem übervorsichtigen Hund, der, den Pilgern folgend zur heiligen Stadt, seine Knochen im weglosen Sand begräbt?

Und was ist die Angst vor der Bedürftigkeit anderes als die Bedürftigkeit selbst?

Ist bei vollem Brunnen die Furcht vor dem Durst nicht ein Durst, der niemals gestillt werden kann?

Es gibt Menschen, die wenig geben von dem Vielen, das sie haben – und sie geben es um der Anerkennung willen, und ihr heimliches Verlangen macht ihre Gaben ungenießbar.

Und es gibt solche, die wenig haben und alles geben.

Sie sind es, die an das Leben glauben und an die Fülle des Lebens, und ihre Truhe wird niemals leer.

Dann gibt es andere, die mit Freude geben, und diese Freude ist ihr Lohn.

Und einige gibt es, die unter Schmerzen geben, und dieser Schmerz ist ihre Weihe.

Ebenso gibt es diejenigen, welche geben und den Schmerz des Gebens nicht kennen noch die Freude herbeisehnen noch im Geben die Tugend im Sinn haben.

Sie geben, wie im Tal dort drüben die Myrte ihren Duft in den Raum verströmt.

Durch die Hände dieser Menschen spricht Gott, und von jenseits ihrer Augen lächelt Er herab auf die Erde.

Es ist gut zu geben, wenn ihr darum gebeten werdet, besser aber, ungebeten zu geben aus Einsicht;

Dem Freigebigen nämlich bereitet die Suche nach einem, der seine Gabe empfangen wird, größere Freude als das Geben selbst.

Und gibt es etwas, das ihr zurückbehalten solltet?

Was immer ihr zu eigen habt, wird eines Tages fortgegeben werden;

Darum gebt jetzt, auf dass die Zeit des Gebens die eure sei und nicht die eurer Erben.

Oftmals sagt ihr: »Geben würde ich wohl, doch nur denen, die es verdienen.«

So reden nicht die Bäume in eurem Garten noch die Herden auf euren Weiden.

Sie geben, um zu leben, denn nicht zu geben heißt sterben.

Wer es wert ist, seine Tage und seine Nächte zu empfangen, ist gewiss auch all dessen wert, was von euch kommt.

Und wer es verdient hat, aus dem Ozean des Lebens zu trinken, verdient es gleichermaßen, seinen Becher aus eurem kleinen Wasserlauf zu füllen.

Und welch größeres Verdienst könnte es geben als jenes, das im Mut und Vertrauen, ja in der Barmherzigkeit des Empfangens liegt?

Wer seid ihr, dass Menschen ihr Herz öffnen und ihren Stolz kundtun sollten, damit ihr deren nackten Wert und ungenierten Stolz beurteilen könnt?

Seht erst einmal zu, dass ihr selbst es verdient, Gebende zu sein sowie Werkzeuge des Gebens.

Denn in Wahrheit ist es das Leben, das dem Leben gibt, während ihr, die ihr euch als Gebende erachtet, nur Zeugen seid.

Und ihr, die ihr empfangt – und ihr alle seid Empfangende –, übernehmt nicht die Bürde der Dankbarkeit, damit ihr weder euch selbst noch dem, der gibt, ein Joch auferlegt.

Schwingt euch lieber mit dem Gebenden auf seinen Gaben empor wie auf Flügeln;

Denn übermäßig der eigenen Schuld zu gedenken, heißt an der Großmut desjenigen zu zweifeln, der die freiherzige Erde zur Mutter hat und Gott zum Vater.

VOM ESSEN
UND TRINKEN

Dann sagte ein alter Mann, der Wirt einer Schänke:
Sprich uns vom Essen und Trinken.

Und er erwiderte:

Könntet ihr doch vom Wohl-
geruch der Erde leben und wie ein
Luftgewächs durch Licht gespeist
werden!

Doch da ihr, um zu essen, töten
müsst und das Neugeborene seiner
Muttermilch beraubt, um euren
Durst zu stillen, soll dies ein
Akt der Verehrung sein.

Und euer Tisch gleiche einem Altar, auf dem das Reine und das Unschuldige von Wald und Weide dafür geopfert werden, was im Menschen noch reiner und unschuldiger ist.

Wenn ihr ein Tier schlachtet, so sagt zu ihm in eurem Herzen:

»Durch dieselbe Macht, die dich tötet, werde auch ich getötet; und auch ich werde verzehrt werden.

Denn das Gesetz, das dich meiner Hand übergab, wird mich einer mächtigeren Hand übergeben.

Dein Blut und mein Blut sind nichts als der Saft, der den Baum des Himmels nährt.«

Und wenn ihr mit den Zähnen einen Apfel zerbeißt, so sprecht zu ihm in eurem Herzen:

»Deine Samen werden weiterleben in meinem Körper,

Und deine Knospen von morgen werden erblühen in meinem Herzen,

Und dein Duft wird mein Atem sein,

Und gemeinsam werden wir uns erfreuen an all den Jahreszeiten.«

Und im Herbst, wenn ihr in euren Weinbergen die Trauben lest für die Kelter, so sagt in eurem Herzen:

»Auch ich bin ein Weinberg, und meine Früchte werden gelesen werden für die Kelter,

Und wie neuer Wein werde ich dereinst aufbewahrt in ewigen Gefäßen.«

Und im Winter, wenn ihr den Wein zapft, soll in eurem Herzen ein Lied erklingen für jeden Becher;

Möge in dem Lied dann widerhallen eine Erinnerung an die Herbsttage, an den Weinberg und an die Kelter.

VON DER ARBEIT

Anschließend bat ein Pflüger: Sprich uns von der Arbeit.

Und er antwortete:

Ihr arbeitet, um Schritt zu halten mit der Erde und der Seele der Erde.

Denn wer untätig ist, wird den Jahreszeiten ein Fremder und tritt aus dem Festzug des Lebens, der würdevoll und in stolzem Gehorsam dem Unendlichen zustrebt.

Wenn ihr arbeitet, seid ihr eine Flöte, durch deren Herz sich das Flüstern der Stunden in Musik verwandelt.

Wer von euch wollte denn ein Schilfrohr sein, stumm und still, wenn alles andere im Einklang singt?

Seit jeher wurde euch gesagt, Arbeit sei ein Fluch und Mühe ein Unglück.

Doch ich sage euch, dass ihr, wenn ihr arbeitet, einen Teil des höchsten Traums der Erde erfüllt, euch zugeeignet, als dieser Traum geboren wurde,

Und indem ihr euch Mühen auferlegt, liebt ihr in Wahrheit das Leben, und das Leben durch Arbeit zu lieben bedeutet, vertraut zu sein mit dem tiefsten Geheimnis des Lebens.

Doch wenn ihr in eurem Schmerz die Geburt ein Unheil nennt und die Erhaltung des Fleisches einen Fluch, der euch auf die Stirn geschrieben ist, so erwidere ich, dass nichts als der Schweiß eurer Stirn wegwaschen wird, was geschrieben steht.

Auch wurde euch gesagt, das Leben sei Finsternis, und in eurem Überdruss wiederholt ihr, was die Überdrüssigen behaupten.

Und ich sage, das Leben ist tatsächlich Finsternis, wenn es des Verlangens entbehrt,

Und alles Verlangen blind, wenn es des Wissens entbehrt,

Und alles Wissen eitel, wenn es der Arbeit entbehrt,

Und alle Arbeit leer, wenn sie der Liebe entbehrt;

Und wenn ihr mit Liebe arbeitet, so verbindet ihr euch mit euch selbst, und miteinander, und mit Gott.

Und was bedeutet es, mit Liebe zu arbeiten?

Es bedeutet, den Stoff mit Fäden zu weben, die aus eurem Herzen gezogen sind, gerade als solle euer geliebtes Wesen diesen Stoff tragen.

Es bedeutet, ein Haus mit Zuneigung zu bauen, gerade als solle euer geliebtes Wesen in diesem Haus wohnen.

Es bedeutet, Samen mit Feingefühl zu säen und die Ernte mit Freude einzubringen, gerade als solle euer geliebtes Wesen von den Früchten speisen.

Es bedeutet, jedes Ding, das ihr gestaltet, mit einem Hauch eures eigenen Geistes zu versehen

Und zu wissen, dass all die seligen Toten um euch stehen und zuschauen.

Oft habe ich euch sagen hören, als redetet ihr im Schlaf: »Wer den Marmor bearbeitet und im Stein der Form seiner Seele gewahr wird, ist edler als der, der den Boden pflügt.

Und wer den Regenbogen ergreift, um ihn als Ebenbild des Menschen auf die Leinwand zu bannen, ist mehr wert als der, der die Sandalen für unsere Füße fertigt.«

Ich aber sage, nicht im Schlaf, sondern in der Überwachheit des Mittags spricht der Wind zu den himmelwärts aufragenden Eichen nicht lieblicher als zum unscheinbarsten Grashalm;

Und groß ist allein der, der die Stimme des Windes verwandelt in einen Gesang und ihm durch seine Liebe noch mehr Anmut verleiht.

Arbeit ist sichtbar gemachte Liebe.

Und wenn ihr nicht mit Liebe arbeiten könnt, sondern nur mit Widerwillen, solltet ihr eure Arbeit besser zurücklassen und euch ans Tor des Tempels setzen, um Almosen zu empfangen von denen, die mit Freude arbeiten.

Denn backt ihr Brot mit Gleichgültigkeit, backt ihr ein bitteres Brot, das den Hunger des Menschen nur zur Hälfte stillt.

Und zerstampft ihr die Trauben mit Groll, träufelt euer Groll ein Gift in den Wein.

Und singt ihr auch wie Engel und liebt doch nicht den Gesang, verschließt ihr der Menschen Ohren für die Stimmen des Tages und die Stimmen der Nacht.

VON FREUDE UND TRAUER

Hierauf sagte eine Frau: Sprich uns von Freude und Trauer.

Und er antwortete:

Eure Freude ist eure unverhüllte Trauer.

Und derselbe Brunnen, aus dem euer Lachen steigt, war oft gefüllt mit euren Tränen.

Und wie könnte es anders sein?

Je tiefer sich jene Trauer eurem Wesen einprägt, desto mehr Freude könnt ihr fassen.

Ist nicht der Becher, der euren Wein birgt, derselbe Becher, der in des Töpfers Ofen gebrannt wurde?

Und ist nicht die Laute, die euren Geist besänftigt, aus demselben Holz, das mit Messern ausgehöhlt wurde?

Wenn ihr fröhlich seid, schaut tief in euer Herz, und ihr werdet entdecken, dass gerade das, was euch Trauer bescherte, euch nun Freude schenkt.

Wenn ihr betrübt seid, schaut abermals in euer Herz, und ihr werdet erkennen, dass ihr in Wahrheit um das weint, was euch Wonne bereitete.

Einige unter euch sagen: »Die Freude übersteigt die Trauer«, während andere meinen: »Nein, die Trauer überwiegt.«

Ich aber sage euch: Beide sind unzertrennlich.

Sie kommen Hand in Hand, und wenn die eine mit euch allein an eurem Tisch sitzt, so vergesst nicht, dass die andere auf eurem Bett schläft.

Wahrlich, wie zwei Waagschalen seid ihr aufgehängt zwischen eurer Trauer und eurer Freude.

Nur wenn ihr leer seid, befindet ihr euch im Stillstand und im Gleichgewicht.

Wenn der Schatzhüter euch hebt, um sein Gold zu wiegen und sein Silber, muss notwendig auch eure Freude oder eure Trauer steigen oder sinken.

VON DEN HÄUSERN

Danach trat ein Maurer vor und sagte: Sprich uns von den Häusern.

Und er antwortete:

Baut aus euren Vorstellungen eine Laube in der Wildnis, ehe ihr innerhalb der Stadtmauern ein Haus errichtet.

Denn wie ihr im Dämmerlicht heimkehrt, so auch der Wanderer in euch, der immer Ferne und Einsame.

Euer Haus ist euer größerer Körper.

Es wächst in der Sonne und schläft in der Stille der Nacht; und es ist nicht traumlos. Träumt euer Haus etwa nicht, um, träumend, von der Stadt zu Hain oder Hügel aufzubrechen?

Könnte ich nur eure Häuser in meiner Hand sammeln und sie wie ein Sämann über Wald und Wiese verstreuen!

Wären doch die Täler eure Straßen und die grünen Pfade eure Gassen, auf dass ihr einander in Weinbergen suchen und mit dem Duft der Erde in euren Kleidern nahen könntet!

Aber noch ist die Zeit nicht reif dafür.

In ihrer Furcht pferchten euch eure Vorfahren zu eng zusammen, und diese Furcht wird noch eine Weile andauern. Noch eine Weile werden die Stadtmauern eure Feuerstellen von euren Feldern trennen.

Und sagt mir, Bewohner von Orphalese, was habt ihr in diesen Häusern? Und was ist es, das ihr hütet hinter verschlossenen Türen?

Habt ihr Frieden, jenen leisen Drang, der eure Macht offenbart?

Habt ihr Erinnerungen, jene schimmernden Bögen, welche die höchsten Regionen des Geistes überwölben?

Habt ihr Schönheit, die das Herz von den aus Holz und Stein gefertigten Dingen zum heiligen Berg leitet?

Sagt mir, habt ihr dergleichen in euren Häusern?

Oder kennt ihr nur Behagen und die Gier nach Behagen, jenem heimlichen Gefühl, das als Gast euer Haus betritt, dann zum Gastgeber wird und dann zum Gebieter?

Ja, zum Bändiger wird es und macht mit Haken und Peitsche eure größeren Wünsche zu Marionetten.

Sind seine Hände auch seidenweich, ist sein Herz doch aus Eisen.

Es wiegt euch in den Schlaf, bloß um an eurem Bett auszuharren und die Würde des Fleisches zu verhöhnen.

Spott treibt es mit euren gesunden Sinnen und wickelt sie in Distelwolle, als seien sie zerbrechliche Gefäße.

Wahrlich, die Gier nach Behagen tötet die Leidenschaft der Seele und geht dann grinsend mit dem Leichenzug.

Ihr aber, Kinder des Raumes, ihr Rastlosen noch in der Rast, ihr sollt euch weder einfangen noch bändigen lassen.

Euer Haus soll kein Anker sein, sondern ein Mast.

Es soll kein glänzender Grind sein, der die Wunde bedeckt, sondern ein Lid, welches über das Auge wacht.

Ihr sollt nicht eure Flügel falten, um Türen zu durchqueren, noch den Kopf beugen, damit er nicht gegen die Decke stößt, noch Angst haben zu atmen, weil sonst die Mauern bersten und einstürzen könnten.

Ihr sollt nicht in Gräbern wohnen, die von den Toten für die Lebenden angelegt wurden.

Und selbst wenn euer Haus von Pracht und Größe zeugt, soll es weder euer Geheimnis bewahren noch eure Sehnsucht beherbergen.

Denn was grenzenlos in euch ist, weilt im Palast des Himmels, dessen Tor der Morgendunst, dessen Fenster die Lieder und die Stille der Nacht.

VON DEN KLEIDERN

Und der Weber sagte: Sprich uns von den Kleidern.

Und er antwortete:

Eure Kleider verbergen viel von eurer Schönheit, nicht aber, was unschön ist.

Obwohl ihr in der Kleidung die Freiheit ungestörten Eigenlebens sucht, mag sie sich als Harnisch und als Kette entpuppen.

Könntet ihr doch der Sonne und dem Wind mit mehr Haut und weniger Kleidung begegnen!

Denn der Atem allen Lebens strömt im Sonnenlicht, und die Hand des Lebens regt sich im Wind.

Einige von euch sagen: »Der Nordwind ist's, der die Kleider gewoben hat, die wir tragen.«

Und ich sage: Ja, es war der Nordwind,

Doch die Scham war sein Webstuhl und die Schwächung der Spannkraft sein Faden.

Und kaum hatte er das Werk vollbracht, durchschallte sein Lachen den Wald.

Vergesst nicht, dass Schamhaftigkeit als Schutzschild dient gegen den Blick des Unreinen.

Und wenn es kein Unreines mehr gibt, was wäre dann Schamhaftigkeit anderes als eine Fesselung und Trübung des Geistes?

Und vergesst nicht, dass es die Erde entzückt, eure nackten Füße zu spüren, und dass die Winde sich danach sehnen, mit eurem Haar zu spielen.

VOM KAUFEN UND VERKAUFEN

Sodann sagte ein Händler: Sprich uns vom Kaufen und Verkaufen.

Und er antwortete:

Die Erde schenkt euch ihre Früchte, und an nichts wird euch mangeln, wenn ihr nur eure Hände zu füllen wisst.

Gerade indem ihr die Gaben der Erde untereinander tauscht, werdet ihr der Fülle teilhaftig und gesättigt sein.

Doch geschieht der Tausch nicht mit Liebe und gütigem Gerechtigkeitssinn, wird er einige zur Habgier treiben und andere in den Hunger.

Wenn ihr, Arbeiter des Meeres und der Felder und der Weinberge, auf dem Marktplatz den Webern und Töpfern und Sammlern von Gewürzen begegnet,

So ruft den höchsten Geist der Erde an, dass er in eure Mitte komme und die Waagschalen weihe, wie auch die Rechnung, die Wert gegen Wert abwägt.

Und duldet es nicht, dass die mit den müßigen Händen, die ihre Worte verkaufen wollen gegen eure Mühsal, an euren Geschäften teilhaben.

Solchen Leuten solltet ihr sagen:

»Begleitet uns aufs Feld oder fahrt mit unseren Brüdern aufs Meer und werft euer Netz aus;

Denn Land und Meer werden euch ebenso reichlich beschenken wie uns.«

Und treten die Sänger und die Tänzer und die Flötenspieler auf, so kauft deren Gaben ebenfalls.

Denn auch sie sind Sammler von Früchten und Weihrauch, und was sie bringen, ist, obgleich aus Träumen gestaltet, Kleidung und Nahrung für die Seele.

Und vergewissert euch, ehe ihr den Marktplatz verlasst, dass niemand mit leeren Händen seines Weges gegangen ist.

Denn der höchste Geist der Erde wird so lange nicht friedlich auf dem Wind schlafen, wie die Bedürfnisse des Geringsten unter euch nicht gestillt sind.

VON VERBRECHEN
UND STRAFE

Danach trat einer der Richter der Stadt vor und sagte:
Sprich uns von Verbrechen und Strafe.

Und er erwiderte:

Geschieht es, dass euer Geist umherschweift mit dem
Wind, so begeht ihr, allein und unbewacht, ein Unrecht
an anderen und daher auch an euch selbst.

Und wegen dieses begangenen Unrechts müsst ihr an
das Tor der Seligen klopfen und eine Weile ausharren,
bis man euch erhört.

Wie das Meer ist euer göttliches Selbst;

Es bleibt für immer makellos.

Und wie der Äther hebt es nur den empor, der mit
Flügeln versehen ist.

Gar wie die Sonne ist euer göttliches Selbst;

Es kennt nicht die Gänge des Maulwurfs, noch sucht es die Höhlen der Schlange auf.

Aber nicht nur euer göttliches Selbst wohnt eurem Wesen inne.

Vieles in euch ist noch Mensch, und vieles in euch ist noch nicht Mensch,

Sondern ein ungestalter Zwerg, der schlafwandelt im Nebel, seinem eigenen Erwachen auf der Spur.

Und von dem Menschen in euch will ich nun sprechen.

Denn er ist es, und nicht euer göttliches Selbst noch der Zwerg im Nebel, der vom Verbrechen weiß und von der Strafe für das Verbrechen.

Oftmals habe ich euch reden hören von einem, der ein Unrecht begeht, als wäre er nicht einer von euch, sondern ein Fremder unter euresgleichen und ein Eindringling in eurer Welt.

Doch ich
sage, so wie der
Heilige und der Gerech-
te nicht höher steigen kann als
der Höchste, der in jedem von euch lebt,

Kann auch der Böse und der Schwache nicht tiefer fallen als der Niedrigste, der ebenfalls in euch lebt.

Und wie ein einzelnes Blatt nur vergilben kann mit dem stillen Wissen des ganzen Baumes,

So kann der Übeltäter nichts Übles tun ohne den verborgenen Willen von euch allen.

Gleich einer Prozession schreitet ihr gemeinsam voran, hin zu eurem göttlichen Selbst.

Ihr seid der Weg und die Wanderer.

Und stürzt einer von euch, so stürzt er um derer willen hinter ihm, zur Warnung vor dem Stolperstein.

Ja, er stürzt auch um derer willen vor ihm, die, wiewohl schneller und sicherer zu Fuß, den Stolperstein noch nicht entfernten.

Und dieses noch, obschon das Wort schwer auf euren Herzen lastet:

Nicht schuldlos ist der Ermordete an seiner Ermordung,

Und nicht ohne sein Verschulden wird der Beraubte beraubt.

Nicht unschuldig ist der Gerechte an den Taten des Bösen,

Und nicht reinwaschen kann sich der Rechtschaffene vom Frevel des Schurken.

Gewiss, häufig ist der Schuldige das Opfer des Geschädigten,

Und noch häufiger trägt der Verurteilte die Bürde des Unschuldigen und Unbescholtenen.

Ihr könnt nicht den Gerechten trennen vom Ungerechten, den Guten vom Bösen;

Denn sie stehen zusammen im Angesicht der Sonne, gerade wie der schwarze Faden und der weiße miteinander verwoben sind.

Und wenn der schwarze Faden reißt, wird der Weber den ganzen Stoff begutachten und ebenso den Webstuhl überprüfen.

Will einer von euch über die untreue Ehefrau richten, soll er auch das Herz ihres Mannes in die Waagschale werfen und dessen Seele mit rechten Maßen messen.

Und wer den Übeltäter auspeitschen will, soll den Geist desjenigen ins Auge fassen, dem Übel angetan wurde.

Und will einer von euch im Namen der Gerechtigkeit strafen und die Axt an den Baum des Bösen legen, soll er hinabblicken bis zu den Wurzeln;

Und wahrlich, er wird die Wurzeln des Guten und des Schlechten, des Fruchtbaren und des Unfruchtbaren vorfinden, allesamt ineinander verschlungen im stillen Herz der Erde.

Und ihr Richter, die ihr gerecht sein wollt,

Welches Urteil sprecht ihr über den, der zwar redlich im Fleisch, im Geist aber ein Dieb ist?

Welche Strafe erlegt ihr dem auf, der im Fleisch tötet, seinerseits aber im Geist getötet wird?

Und wie belangt ihr den, der im Handeln ein Betrüger und Unterdrücker,

Zugleich aber betrübt und erzürnt ist?

Und wie werdet ihr die strafen, deren Reue schon größer ist als ihre Missetaten?

Ist Reue nicht die Gerechtigkeit, die durch ebenjenes Gesetz vollzogen wird, dem ihr gerne dienen möchtet?

Doch Reue könnt ihr weder dem Unschuldigen auferlegen noch dem Schuldigen von der Seele nehmen.

Ungebeten wird sie sich regen des Nachts, auf dass die Menschen wachen und den Blick nach innen kehren.

Und ihr, die ihr Gerechtigkeit zu verstehen trachtet, wie gelänge euch dies, wenn ihr nicht alle Taten in der Fülle des Lichts betrachtet?

Erst dann werdet ihr wissen, dass der Aufrechte und der Gefallene ein und derselbe Mensch sind, ausgesetzt dem Dämmer zwischen der Nacht seines zwergenhaften Selbst und dem Tag seines göttlichen Selbst,

Und dass der Grundstein des Tempels nicht höher liegt als der tiefste Stein in seinem Fundament.

VON DEN GESETZEN

Hernach fragte ein Advokat: Aber wie verhält es sich mit unseren Gesetzen, Meister?

Und er antwortete:

Ihr findet Gefallen daran, Gesetze zu erlassen,

Aber noch mehr gefällt es euch, sie zu brechen.

Wie Kinder, die am Meer spielen und beharrlich Sandburgen bauen, um sie dann lachend zu zerstören.

Doch derweil ihr eure Sandburgen baut, schwemmt das Meer weiteren Sand ans Ufer,

Und sobald ihr sie zerstört, lacht das Meer mit euch.

Wahrlich, das Meer lacht immer mit den Unschuldigen.

Doch was ist mit denen, für die das Leben kein Meer ist und die von Menschen ersonnenen Gesetze keine Sandburgen,

Für die das Leben vielmehr ein Felsblock ist und das Gesetz ein Meißel, mit dem sie ihm das eigene Ebenbild einzuprägen gedenken?

Was ist mit dem Krüppel, der Tänzer verabscheut?

Und was mit dem Ochsen, der sein Joch liebt im Glauben, Elch und Reh des Waldes seien umherstreunende Vagabunden?

Was mit der alten Schlange, die ihre Haut nicht abstreifen kann und all die anderen als nackt und schamlos bezeichnet?

Und mit dem, der frühzeitig zum Hochzeitsmahl kommt, um schließlich übersättigt und müde seines Weges zu gehen mit den Worten, jedes Fest sei eine Verfehlung und jeder Festgast ein Gesetzesbrecher?

Was sonst soll ich von jenen sagen,
als dass auch sie im Sonnenlicht stehen,
aber mit dem Rücken zur Sonne?

Sie sehen nur ihre Schatten, und diese Schatten sind ihre Gesetze.

Und was ist die Sonne für sie anderes als ein Schattenwerfer?

Und was ist dann die Achtung vor dem Gesetz anderes, als sich niederzubeugen und die eigenen Schatten auf der Erde nachzuzeichnen?

Ihr hingegen, die ihr mit dem Angesicht zur Sonne schreitet, welche der auf die Erde geworfenen Bilder könnten euch zurückhalten?

Ihr, die ihr mit dem Wind wandelt, welche Wetterfahne sollte über eure Richtung bestimmen?

Welches Menschengesetz sollte euch binden, wenn ihr euer Joch sprengt, nicht aber des anderen Gefängnistür?

Welche Gesetze solltet ihr fürchten, wenn ihr tanzt, doch über niemandes eiserne Ketten stolpert?

Und wer sollte ein Urteil sprechen über euch, wenn ihr eure Kleidung vom Leib reißt, ohne sie dem Nächsten zu überlassen?

Bewohner von Orphalese, ihr könnt die Trommeln abdämpfen, ihr könnt die Saiten der Leier entspannen, aber wer sollte der Lerche verbieten zu singen?

VON DER FREIHEIT

Und ein Redner sagte: Sprich uns von der Freiheit.

Und er erwiderte:

Am Stadttor und bei eurem heimischen Herd habe ich gesehen, wie ihr auf die Knie fallt und eure eigene Freiheit anbetet,

Gerade so wie Sklaven sich erniedrigen vor einem Tyrannen und ihn preisen, obwohl er sie erschlägt.

Ja, im Tempelhain und im Schatten der Zitadelle habe ich beobachtet, wie die Freiesten unter euch ihre Freiheit tragen wie ein Joch und eine Fessel.

Und mir blutete das Herz, könnt ihr doch nur dann frei sein, wenn selbst der Freiheitsdrang euch Zügel anlegt und ihr aufhört, von Freiheit als einem Ziel und Zustand der Erfüllung zu reden.

Tatsächlich werdet ihr frei sein, wenn eure Tage nicht ohne Sorge und eure Nächte nicht ohne Entbehrung und Kummer sind,

Wobei diese eurem Leben zwar zusetzen, ihr euch aber über sie erhebt, nackt und ungebunden.

Und wie solltet ihr euch über eure Tage und Nächte erheben, ohne jene Ketten zu zerreißen, die ihr im Morgendämmer eures Verstehens um eure Mittagsstunde geschlungen habt?

In Wahrheit ist das, was ihr Freiheit nennt, die stärkste dieser Ketten, obwohl deren Glieder in der Sonne glänzen und eure Augen blenden.

Und was außer Bruchstücken eurer selbst wollt ihr verwerfen, um frei zu werden?

Wenn es ein ungerechtes Gesetz ist, das ihr abschaffen wollt, so habt ihr dieses Gesetz mit eigener Hand auf eure Stirn geschrieben.

Ihr könnt es nicht auslöschen, indem ihr eure Gesetzbücher verbrennt oder es von den Stirnen eurer Richter wascht, auch wenn ihr das ganze Meer darüber gießt.

Und ist es ein Gewaltherrscher, den ihr vom Thron stürzen wollt, dann achtet zuerst darauf, dass sein in euch errichteter Thron zerstört wird.

Wie könnte ein Tyrann die Freien und Stolzen regieren, es sei denn, ihrer Freiheit wohnt Tyrannei und Scham ihrem Stolz inne?

Und ist es eine Sorge, die ihr loswerden wollt, so habt eher ihr diese Sorge gewählt, als dass sie euch aufgebürdet worden wäre.

Und ist es eine Furcht, die ihr vertreiben wollt, dann ruht diese Furcht in euren Herzen und nicht in der Hand dessen, den ihr fürchtet.

Wahrlich, all dies durchwirkt euch, immerzu halb ineinander verschlungen – das Ersehnte und das Gefürchtete, das Abstoßende und das Geschätzte, das, was ihr erstrebt, und das, wovor ihr flieht.

All das regt sich in euch wie Licht und Schatten und bildet ein unzertrennliches Paar.

Und wenn der Schatten schwindet und vergeht, wird das restliche Licht zum Schatten eines anderen Lichts.

Wenn also eure Freiheit die Fesseln abstreift, wird sie selbst zur Fessel einer größeren Freiheit.

VON VERNUNFT UND LEIDENSCHAFT

Und wieder erhob die Priesterin ihre Stimme und sagte: Sprich uns von Vernunft und Leidenschaft.

Und er antwortete:

Oft ist eure Seele ein Schlachtfeld, auf dem eure Vernunft und euer Urteil Krieg führen gegen eure Leidenschaft und euer Verlangen.

Könnte ich der Friedensstifter sein in eurer Seele, würde ich den Missklang und die Zwietracht zwischen euren Wesenszügen verwandeln in unteilbare Einheit und wohlklingende Melodie.

Aber wie sollte mir dies gelingen, wenn ihr selbst nicht Friedensstifter seid, ja mehr noch, wenn ihr nicht all eure Wesenszüge liebt?

Eure Vernunft und eure Leidenschaft sind das Ruder und die Segel eurer seefahrenden Seele.

Bricht euer Ruder oder reißen eure Segel, bleibt euch nur mehr, zu schlingern und ziellos dahinzutreiben oder im Stillstand zu verharren auf hoher See.

Denn die allein herrschende Vernunft ist eine einengende Macht; und die ungezügelte Leidenschaft eine Flamme, die so lange lodert, bis sie sich verzehrt hat.

Darum möge eure Seele die Vernunft emporheben zum Gipfel der Leidenschaft, auf dass sie singe;

Und eure Leidenschaft gelenkt werden von Vernunft, auf dass sie täglich wiederauferstehe, wie Phönix aus der eigenen Asche steige, und so überdaure.

Ich wünschte, ihr würdet euer Urteil und euer Verlangen gar wie zwei geliebte Gäste in eurem Haus betrachten.

Gewiss käme euch nicht in den Sinn, dem einen Gast größere Ehre zu erweisen als dem anderen; wer den einen aufmerksamer behandelt, verliert die Liebe und das Vertrauen beider.

Wenn ihr, umgeben von Hügeln, im kühlen Schatten der Silberpappeln sitzt und teilhabt am Frieden und Gleichmut der fernen Felder und Wiesen, so lasst euer Herz im Stillen sagen: »Gott ruht in der Vernunft.«

Und wenn dann der Sturm aufzieht und der gewaltige Wind den Wald erschüttert, wenn Donner und Blitz die Majestät des Himmels verkünden, so lasst euer Herz in Ehrfurcht sagen: »Gott regt sich in der Leidenschaft.«

Und da ihr ein Hauch seid in Gottes Sphäre und ein Blatt in Gottes Wald, sollt auch ihr ruhen in der Vernunft und euch regen in der Leidenschaft.

VOM SCHMERZ

Und eine Frau ergriff das Wort und sagte: Erzähle uns vom Schmerz.

Und er entgegnete:

Euer Schmerz ist, was die Schale aufbricht, die euer Verstehen umschließt.

Gerade so, wie der Kern in der Frucht aufbrechen muss, damit sein Herz unter der Sonne fortbestehen kann, müsst ihr den Schmerz erfahren.

Und könntet ihr im Herzen das Staunen bewahren über die täglichen Wunder eures Lebens, würde euer Schmerz nicht weniger wundersam erscheinen als eure Freude;

Und ihr würdet die Jahreszeiten eures Herzens gutheißen, gerade so wie ihr stets die Jahreszeiten gutgeheißen habt, die über eure Felder ziehen.

Und mit heiterer Gelassenheit würdet ihr die Winter eures Kummers durchwachen.

Viel von eurem Schmerz habt ihr selbst gewählt.

Er ist der bittere Trank, mit dem der Arzt in euch das kranke Selbst heilt.

Vertraut daher diesem Arzt und trinkt seine Medizin stillschweigend und gelassen;

Denn seine Hand, schwer zwar und streng, wird geführt von der zarten Hand des Unsichtbaren,

Und der Becher, den er reicht, verbrennt euch wohl die Lippen, wurde jedoch geformt aus der Tonerde, welche der allmächtige Töpfer mit Seinen heiligen Tränen befeuchtet hat.

VON DER
SELBSTERKENNTNIS

Daraufhin sagte ein Mann: Sprich uns von der Selbsterkenntnis.

Und er antwortete:

Eure Herzen kennen im Stillen die Geheimnisse der Tage und der Nächte.

Aber eure Ohren dürsten nach dem Klang des Wissens in euren Herzen.

Ihr wollt in Worten wissen, was ihr in Gedanken immer schon gewusst habt.

Mit den Fingern wollt ihr an den nackten Leib eurer Träume rühren.

Und das ist gut so.

Der verborgene Quell eurer Seele muss notwendig emporsteigen und murmelnd zum Meer fließen;

Und der Schatz eurer unendlichen Tiefen möchte euren Augen offenbart werden.

Doch wiegt diesen unbekannten Schatz nicht mit Waagschalen;

Und ergründet die Tiefen eures Wissens nicht mit Messstab oder Senkblei.

Denn das Selbst ist ein Meer, grenzenlos und unermesslich.

Sagt nicht: »Ich habe die Wahrheit gefunden«, sondern lieber: »Ich habe eine Wahrheit gefunden.«

Sagt nicht: »Ich habe den Pfad der Seele gefunden«, sondern eher: »Ich bin der Seele begegnet, die auf meinem Pfad wandelt.«

Denn die Seele wandelt auf allen Pfaden.

Sie wandelt nicht auf einer geraden Linie, noch wächst sie wie ein Schilfrohr.

Die Seele entfaltet sich wie eine Lotosblume mit zahllosen Blütenblättern.

VOM LEHREN

Sodann sagte ein Lehrer: Sprich uns vom Lehren.

Und er erwiderte:

Niemand kann euch offenbaren, was nicht schon im Dämmerschlaf eures Wissens liegt.

Der Lehrer, der mitten unter seinen Schülern sich ergeht im Schatten des Tempels, lässt ihnen nicht seine Weisheit zuteilwerden, sondern seinen Glauben und seine Güte.

Wenn er wahrhaft weise ist, lädt er euch nicht ein, sein Haus der Weisheit zu betreten, sondern führt euch an die Schwelle eures eigenen Geistes.

Der Astronom mag euch sein Verständnis vom Weltraum darlegen, aber er kann sein Verständnis nicht an euch weitergeben.

Der Musiker mag euch vom Rhythmus singen, der das gesamte All durchdringt, aber er kann euch weder mit dem Gehör versehen, das den Rhythmus erfasst, noch mit der Stimme, darin dieser widerhallt.

Und wer in der Wissenschaft der Zahlen bewandert ist, mag euch vom Reich der Gewichte und Maße berichten, aber dorthin bringen kann er euch nicht.

Denn die innere Schau eines Menschen verleiht ihre Flügel keinem anderen.

Und so wie jeder von euch allein steht in Gottes Wissen, muss auch jeder von euch allein sein in seinem Wissen von Gott und in seinem Verständnis von der Erde.

VON DER
FREUNDSCHAFT

Und ein Jüngling sagte: Sprich uns von der Freundschaft.

Und er antwortete:

Euer Freund verkörpert die Stillung eurer Bedürfnisse.

Er ist das Feld, das ihr mit Liebe besät und mit Dankbarkeit aberntet.

Und er ist euer Tisch und euer häuslicher Herd.

Denn ihr kommt zu ihm mit eurem Hunger und sucht bei ihm Frieden.

Wenn euer Freund freimütig seine Gedanken äußert, fürchtet ihr nicht das Nein in euren Gedanken, noch haltet ihr das Ja zurück.

Und wenn er schweigt, hört euer Herz nicht auf, seinem Herzen zu lauschen;

Denn in der Freundschaft werden alle Gedanken, alle Wünsche, alle Erwartungen ohne Worte geboren und geteilt, mit einer Freude, die keines Zuspruchs bedarf.

Und geht ihr fort von eurem Freund, seid ihr nicht betrübt;

Denn was ihr an ihm am meisten liebt, kann während seiner Abwesenheit in klarerem Licht erscheinen, so wie dem Gipfelstürmer der Berg von der Ebene aus deutlicher erscheint.

Und möge die Freundschaft keinem sonstigen Zweck dienen als der Vertiefung des Geistes.

Denn Liebe, die nach anderem trachtet als der Enthüllung ihres Mysteriums, ist keine Liebe, sondern ein ausgeworfenes Netz, darin sich nur Tand verfängt.

Und: Eurem Freund gebühre euer Bestes.

Wenn er die Ebbe eurer Gezeiten erfahren muss, dann lasst ihn auch eure Flut kennenlernen.

Denn was für ein Freund wäre er, würdet ihr ihn bloß aufsuchen, um die Stunden abzutöten?

Sucht ihn stets auf, um die Stunden auszuleben.

Denn es ist an ihm, euch zu geben, was ihr braucht, nicht aber eure Leere zu füllen.

Und möge zur Anmut der Freundschaft das Lachen ebenso beitragen wie das gemeinsame Vergnügen.

Denn im Tau der kleinen Dinge findet das Herz seinen Morgen und seine Erfrischung.

VOM REDEN

Anschließend sagte ein Gelehrter: Sprich uns vom Reden.

Und er erwiderte:

Ihr redet, wenn ihr nicht mehr im Einklang seid mit euren Gedanken;

Und könnt ihr nicht länger verweilen in der Abgeschiedenheit eures Herzens, lebt ihr in euren Lippen, und die Laute sind euch Zerstreuung und Zeitvertreib.

In vielen eurer Reden ist das Denken zur Hälfte ausgelöscht.

Denn der Gedanke ist ein Vogel des Raumes, der in einem Käfig aus Worten zwar seine Flügel entfalten mag, aber nicht fliegen kann.

Unter euch gibt es manche, die sich an die Fersen der Redseligen heften, weil sie fürchten, allein zu sein.

Die Stille des Alleinseins enthüllt ihrem inneren Auge das nackte Selbst, und dem wollen sie entfliehen.

Auch gibt es jene, die reden und dabei unwissentlich oder ohne Voraussicht eine Wahrheit offenbaren, die sie selbst nicht verstehen.

Und es gibt solche, die die Wahrheit in sich tragen, sie jedoch nicht in Worte zu fassen vermögen.

In der Brust dieser Menschen wohnt der Geist inmitten rhythmischen Schweigens.

Wenn ihr einem Freund begegnet, am Straßenrand oder auf dem Marktplatz, so lasst den Geist in euch eure Lippen bewegen und eure Zunge leiten.

Lasst die Stimme in eurer Stimme zu dem Ohr seines Ohres sprechen;

Denn seine Seele wird bewahren eures Herzens Wahrheit, wie der Geschmack des Weines erinnert wird,

Wenn dessen Farbe vergessen ist und das Gefäß längst verschwunden.

VON DER ZEIT

Daraufhin fragte ein Astronom: Meister, wie verhält es sich mit der Zeit?

Und er antwortete:

Ihr möchtet die Zeit messen, die maßlos ist und unermesslich.

Auf Stunden und Jahreszeiten wollt ihr euer Handeln abstimmen, ja gar den Gang eurer Gedanken daran ausrichten.

Erpicht seid ihr darauf, aus der Zeit einen Fluss zu machen, an dessen Ufer ihr sitzt und dem Strömen des Wassers zuschaut.

Doch das Zeitlose in euch ist sich des Lebens Zeitlosigkeit gewahr

Und weiß: Das Gestern ist nichts als das Gedächtnis des Heute und das Morgen der Traum des Heute.

Und dass, was in euch singt und nachsinnt, noch immer weilt in den Grenzen jenes ersten Moments, der die Sterne in den Raum verstreute.

Wer unter euch fühlte nicht, dass seine Kraft zur Liebe grenzenlos ist?

Und dennoch, wer empfände nicht auch, dass diese Liebe, wiewohl grenzenlos, eingeschlossen ist im Innersten seines Wesens und sich nicht vom einen Liebesgedanken zum anderen bewegt, noch von einer Liebestat zur nächsten?

Und ist die Zeit nicht ebenso wie die Liebe ist, ungeteilt und raumlos?

Aber wenn ihr schon in Gedanken die Zeit nach Jahreszeiten messen müsst, so möge jede Jahreszeit alle übrigen in sich bergen –

Und möge das Heute die Vergangenheit umfangen mit Erinnerung, die Zukunft mit Sehnsucht.

VON GUT UND BÖSE

Und einer der Ältesten der Stadt sagte: Sprich uns von Gut und Böse.

Und er erwiderte:

Vom Guten in euch kann ich sprechen, nicht aber vom Bösen.

Denn was ist das Böse anderes als das Gute, gequält vom eigenen Hunger und Durst?

Wahrlich, wenn das Gute hungrig ist, sucht es noch in finsteren Höhlen nach Nahrung, und ist es durstig, trinkt es selbst von toten Wassern.

Gut seid ihr, wenn ihr eins seid mit euch selbst.

Doch seid ihr nicht böse, wenn ihr nicht eins seid mit euch selbst.

Denn ein in sich gespaltenes Haus ist kein Banditennest, sondern nur ein in sich gespaltenes Haus.

Und ein Schiff, dem das Ruder abhandenkam, mag ziellos treiben zwischen bedrohlichen Inseln, ohne auf Grund zu laufen.

Gut seid ihr, wenn ihr danach trachtet, etwas von euch selbst zu geben.

Doch seid ihr nicht böse, wenn ihr auf euren Vorteil bedacht seid.

Denn erstrebt ihr euren Vorteil, seid ihr bloß eine Wurzel, die sich an die Erde klammert und an deren Brust saugt.

Gewiss kann die Frucht nicht zur Wurzel sagen: »Sei wie ich, reif und voll und immerzu Fülle verschenkend.«

Denn der Frucht ist Geben ein Bedürfnis, wie der Wurzel Empfangen ein Bedürfnis ist.

Gut seid ihr, wenn ihr in eurer Rede hellwach seid,

Doch seid ihr nicht böse, wenn ihr im Schlaf liegt, indes eure Zunge sinnlos stammelt.

Und auch eine stockende Rede kann eine schwache Zunge stärken.

Gut seid ihr, wenn ihr entschlossen und kühnen Schrittes euer Ziel verfolgt.

Doch seid ihr nicht böse, wenn ihr euch hinkend darauf zubewegt.

Selbst die Hinkenden gehen nicht rückwärts.

Ihr aber, die ihr kräftig seid und flink, gebt acht, nicht vor dem Lahmen zu hinken, weil dies euch freundlich dünkt.

Gut seid ihr in vielfältiger Weise, doch seid ihr nicht böse, wenn ihr nicht gut seid,

Ihr seid lediglich saumselig und teilnahmslos.

Schade, dass der Hirsch die Schildkröte nicht lehren kann, geschwind und schwungvoll ihres Weges zu ziehen.

In der Sehnsucht nach eurem mächtigen Selbst liegt eure Güte, und diese Sehnsucht ist in euch allen.

Aber in einigen von euch ist diese Sehnsucht ein reißender Strom, der mit Ungestüm zum Meer stürzt und die Geheimnisse der Berghänge wie auch die Lieder der Wälder mit sich trägt.

In anderen hingegen ist sie ein flacher Wasserlauf, der sich in Windungen verliert, sich biegt und verweilt, ehe er das Ufer erreicht.

Doch lasst den, der sich heftig sehnt, zu dem, der sich wenig sehnt, nicht sagen: »Warum bist du langsam und zögerlich?«

Denn der wahrhaft Gute fragt nicht den Nackten: »Wo ist dein Gewand?« noch den Obdachlosen: »Was ist geschehen mit deinem Haus?«

VOM GEBET

Dann sagte eine Priesterin: Sprich uns vom Gebet.

Und er antwortete:

Ihr betet in eurer Verzweiflung und eurer Not; würdet ihr doch ebenso beten in der Fülle eurer Freude und in euren Tagen des Überflusses.

Denn was ist das Gebet anderes als die Ausdehnung eurer selbst in den lebendigen Äther?

Und wenn es zu eurem Trost ist, eure Dunkelheit in den Raum zu ergießen, bereitet es euch auch Wonne, die Morgenröte eures Herzens auszuströmen.

Und wenn ihr in Tränen zerfließt und eure Seele euch aufruft zum Gebet, sollte sie, dem Weinen zum Trotz, euch wieder und wieder Mut machen, bis ihr endlich in erlösendes Lachen verfallt.

Sobald ihr betet, schwingt ihr euch auf, um in den Lüften jenen zu begegnen, die zur selben Stunde beten und denen ihr, außer im Gebet, vielleicht niemals begegnen würdet.

Darum möge euer Besuch in diesem unsichtbaren Tempel allein der Verzückung und innigen Verbundenheit gelten.

Denn solltet ihr den Tempel zu keinem sonstigen Zweck betreten, als zu bitten, werdet ihr nicht empfangen;

Und solltet ihr ihn betreten, um euch zu erniedrigen, werdet ihr nicht erhöht werden;

Ja selbst wenn ihr ihn betreten solltet, um das Wohl anderer zu erflehen, werdet ihr nicht erhört werden.

Es genügt, dass ihr den unsichtbaren Tempel betretet.

Ich kann euch nicht lehren, mit welchen Worten man betet.

Gott lauscht nicht euren Worten, außer Er selbst äußert sie durch eure Lippen.

Auch kann ich euch nicht lehren das Gebet der Meere, der Wälder und der Berge.

Ihr aber, die ihr geboren seid von Meeren, Wäldern und Bergen, könnt deren Gebet in eurem Herzen finden,

Und wenn ihr nur horcht in der Stille der Nacht, werdet ihr sie lautlos sprechen hören:

»Unser Gott, der du unser beflügeltes Selbst bist, dein Wille in uns ist es, der will.

Dein Wunsch in uns ist es, der wünscht.

Dein Drang in uns ist es, der unsere Nächte, die dein sind, verwandelt in Tage, die ebenfalls dein sind.

Um nichts können wir dich bitten, denn du kennst unsere Bedürfnisse, noch ehe sie in uns geboren sind;

Du bist, dessen wir bedürfen, und indem du uns mehr gibst von dir, gibst du uns alles.«

VOM VERGNÜGEN

Daraufhin trat ein Einsiedler vor, der einmal im Jahr die Stadt aufsuchte, und sagte: Sprich uns vom Vergnügen.

Und er erwiderte:

Vergnügen ist ein Freiheitslied,

Aber es ist nicht die Freiheit.

Es ist das Aufblühen eurer Sehnsüchte,

Aber nicht ihre Frucht.

Es ist ein Ruf aus Tiefem zu Hohem,

Aber weder die Tiefe noch das Hohe.

Es ist, was eingesperrt war und nun davonfliegt,

Aber nicht der umfassende Raum.

Wahrhaftig, Vergnügen ist ein Freiheitslied.

Und ich wünschte, ihr würdet es aus ganzem Herzen singen; doch solltet ihr im Singen nicht euer Herz verlieren.

Manche eurer Halbwüchsigen suchen das Vergnügen, als wäre es alles, und dafür werden sie gescholten und verurteilt.

Ich würde sie nicht schelten oder verurteilen, sondern antreiben zur Suche.

Denn sie werden das Vergnügen finden, aber nicht dieses allein;

Sieben Schwestern hat es nämlich, und noch die Geringste unter ihnen ist schöner als das Vergnügen.

Habt ihr nicht gehört von dem Mann, der in der Erde nach Wurzeln grub und einen Schatz entdeckte?

Und einige eurer Ältesten erinnern sich der Vergnügen mit Reue, als hätten sie in der Trunkenheit ein Unrecht begangen.

Reue aber ist Trübung des Geistes, nicht dessen Kasteiung.

Mit Dankbarkeit sollten sie sich ihrer Vergnügen erinnern, wie sie der Ernte eines Sommers gedenken würden.

Doch wenn die Reue ihnen Trost spendet, mögen sie so getröstet werden.

Und es gibt jene unter euch, die weder jung sind, um zu suchen, noch alt, um sich zu erinnern;

In ihrer Furcht vor der Suche und der Erinnerung meiden sie jedes Vergnügen, um nicht den Geist zu missachten oder gegen ihn zu sündigen.

Aber selbst der Verzicht bereitet ihnen Vergnügen.

Und so entdecken auch sie einen Schatz, obwohl sie mit zitternden Händen nach Wurzeln graben.

Aber sagt mir, wer könnte den Geist verletzen?

Wird denn die Nachtigall die nächtliche Stille verletzen oder der Leuchtkäfer die glimmenden Sterne?

Und wird eure Flamme oder euer Rauch dem Wind zur Last?

Meint ihr, der Geist sei ein stilles Gewässer, das ihr mit einem Stecken aufwühlen könnt?

Indem ihr euch das Vergnügen versagt, haltet ihr häufig nur das Verlangen in den verborgenen Winkeln eures Wesens zurück.

Wer weiß, ob nicht das, was heute unterbleibt, auf das Morgen wartet?

Sogar euer Körper kennt sein Erbe und sein berechtigtes Bedürfnis und lässt sich nicht täuschen.

Und euer Körper ist die Harfe eurer Seele,

Und euch obliegt es, ihr betörende Melodien zu entlocken oder verworrene Töne.

Und nun fragt ihr euch im Herzen: »Wie sollen wir, was gut ist am Vergnügen, unterscheiden von dem, was nicht gut ist?«

Geht auf eure Felder und in eure Gärten, und ihr werdet erfahren, dass es der Biene ein Vergnügen ist, den Honig der Blume zu sammeln,

Aber auch der Blume ein Vergnügen, der Biene ihren Honig darzubringen.

Denn der Biene ist die Blume eine Quelle des Lebens,

Und der Blume die Biene eine Botin der Liebe,

Und beiden, Biene und Blume, sind Gewähren und Empfangen des Vergnügens zugleich Bedürfnis und Verzückung.

Bewohner von Orphalese, seid in euren Vergnügen wie die Blumen und die Bienen.

VON DER SCHÖNHEIT

Und ein Dichter ergriff das Wort: Sprich uns von der Schönheit.

Und er antwortete:

Wie sollt ihr die Schönheit suchen und wie sie finden, wenn sie nicht selbst euer Weg ist und eure Führerin?

Und wie sollt ihr von ihr sprechen, außer sie ist die Weberin eurer Rede?

Die Gekränkten und Verletzten sagen: »Die Schönheit ist liebenswürdig und sanft.

Wie eine junge Mutter, fast scheu vor ihrer Pracht, geht sie zwischen uns einher.«

Und die Leidenschaftlichen erklären: »Nein, Schönheit ist etwas Mächtiges und Ehrfurchterregendes.

Wie ein Sturm erschüttert sie die Erde unter uns und den Himmel über uns.«

Die Müden und Erschöpften wiederum behaupten: »Die Schönheit gleicht einem leisen Geflüster. Sie spricht in unserem Geist.

Ihre Stimme fügt sich unserem Schweigen wie ein schwaches Licht, das zittert aus Angst vor dem Schatten.«

Doch die Rastlosen betonen: »Wir haben sie in den Bergen laut rufen hören,

Und mit ihren Rufen kam das Klappern der Hufe, das Schlagen der Flügel und das Gebrüll der Löwen.«

Des Nachts versichern die Wächter der Stadt: »Mit dem Morgendämmer wird die Schönheit von Osten her aufsteigen.«

Und zur Mittagsstunde berichten die Arbeiter und Wanderer: »Wir haben beobachtet, wie sie sich aus den Fenstern des Sonnenuntergangs über die Erde lehnte.«

Im Winter erzählen die Eingeschneiten: »Sie wird mit dem Frühling kommen und von Hügel zu Hügel hüpfen.«

Und in der Sommerhitze bekräftigen die Mäher: »Wir haben sie mit den Herbstblättern tanzen sehen und verwehte Schneeflocken in ihrem Haar bemerkt.«

All diese Dinge habt ihr über die Schönheit geäußert,

In Wahrheit aber nicht von ihr gesprochen, sondern von ungestillten Bedürfnissen,

Und die Schönheit ist kein Bedürfnis, sondern ein Rausch.

Sie ist kein dürstender Mund, noch eine leere ausgestreckte Hand,

Sondern ein entflammtes Herz und eine verzauberte Seele.

Sie ist nicht das Bild, das ihr sehen, noch das Lied, das ihr hören möchtet,

Sondern ein Bild, das ihr seht, obwohl ihr die Augen verschließt, und ein Lied, das ihr hört, obwohl ihr euch die Ohren zuhaltet.

Sie ist weder der Saft in zerfurchter Rinde noch ein mit Klaue und Flügel versehenes Wesen,

Sondern ein Garten, der immer in Blüte steht, und eine Engelschar, deren Flug niemals endet.

Bewohner von Orphalese, Schönheit ist Leben, sobald es sein heiliges Antlitz entschleiert.

Doch ihr seid das Leben, und ihr seid der Schleier.

Schönheit ist Ewigkeit, die in einem Spiegel sich selbst betrachtet.

Doch ihr seid die Ewigkeit, und ihr seid der Spiegel.

VON DER RELIGION

Und ein alter Priester sagte: Sprich uns von der Religion.

Und er entgegnete:

Habe ich an diesem Tag je von etwas anderem gesprochen?

Umfasst Religion nicht alle Taten, jede Betrachtung,

wie auch das, was weder Tat ist noch Betrachtung, sondern ein Wundern und Staunen, die fortwährend aus der Seele hervorquellen, noch wenn die Hände den Stein behauen oder den Webstuhl bewegen?

Wer kann seinen Glauben trennen von seinem Handeln oder seine Überzeugungen von seinen Beschäftigungen?

Wer kann die Stunden vor sich ausbreiten und sagen: »Diese für Gott und jene für mich; diese für meine Seele und jene andere für meinen Körper?«

Alle eure Stunden sind Flügel, die flatternd den Raum durchqueren von Selbst zu Selbst.

Wer seine Moral nur wie ein bestes Kleidungsstück trägt, täte besser daran, nackt zu bleiben.

Der Wind und die Sonne werden keine Löcher in seine Haut reißen.

Und wer sein Benehmen nach sittlichen Grundsätzen bemisst, sperrt seinen Singvogel in einen Käfig.

Das freieste Lied aber erklingt nicht von jenseits der Gitterstäbe und Drahtgeflechte.

Und der, dem Verehrung ein Fenster ist, das er öffnen, aber auch schließen kann, hat sich noch nicht ins Haus seiner Seele begeben, dessen Fenster von Dämmerung zu Dämmerung blicken.

Euer tägliches Leben ist euer Tempel und eure Religion.

Nehmt, wann immer ihr ihn betretet, alles von euch mit.

Nehmt den Pflug und den Schmiedehammer, den Schlägel und die Laute,

Die Dinge, die ihr gestaltet habt aus Notwendigkeit oder zum Vergnügen.

Denn im Tagtraum könnt ihr eure Errungenschaften nicht übertreffen noch eure Fehlschläge unterbieten.

Und nehmt alle Menschen mit euch:

Denn in der Anbetung könnt ihr nicht mutig höher steigen als ihre Hoffnungen, noch demütig tiefer sinken als ihre Verzweiflung.

Und wenn ihr Gott erkennen wollt, so versucht euch deswegen nicht als Rätsellöser.

Schaut euch lieber um, und ihr werdet Ihn mit euren Kindern spielen sehen.

Und blickt zum Himmel auf; ihr werdet Ihn in der Wolke gehen sehen, die Arme ausgebreitet im Blitz, um herabzufallen im Regen.

Ihr werdet Ihn in Blumen lächeln, dann emporschweben und aus Bäumen winken sehen.

VOM TOD

Dann erhob Al-Mitra ihre Stimme und sagte: Nun möchten wir dich bitten, über den Tod zu sprechen.

Und er antwortete:

Ihr wollt das Geheimnis des Todes erfahren.

Aber wie solltet ihr seiner teilhaftig werden, sucht ihr es nicht im Herzen des Lebens?

Die Eule, deren Nachtaugen blind sind am Tag, kann das Mysterium des Lichts nicht entschleiern.

Wollt ihr wirklich den Geist des Todes schauen, so öffnet euer Herz weit dem Körper des Lebens. Denn Leben und Tod sind eins, gleich wie der Fluss und das Meer eins sind.

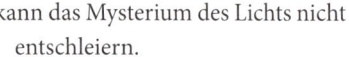

In der Tiefe eurer Hoffnungen und Wünsche ruht euer stilles Wissen vom Jenseits;

Und wie Samen, die unter dem Schnee träumen, träumt euer Herz vom Frühling.

Vertraut den Träumen, denn in ihnen verbirgt sich das Tor zur Ewigkeit.

Eure Furcht vor dem Tod ist nur das Erschauern des Hirten, wenn er vor dem König steht, der ihm zur Ehre die Hand auflegen wird.

Erfüllt es den Hirten, ungeachtet seines Erschauerns, nicht mit Freude, das königliche Zeichen zu tragen?

Doch ist er sich darum seines Erschauerns weniger gewahr?

Denn was ist Sterben anderes, als nackt im Wind zu stehen und mit der Sonne allmählich zu verschmelzen?

Und was ist das Ende des Atmens anderes, als den Atem von seinen rastlosen Gezeiten zu befreien, auf dass er emporschwebe und sich ausdehne und ungehindert zu Gott strebe?

Erst wenn ihr vom Fluss des Schweigens trinkt, werdet ihr wirklich singen.

Und wenn ihr dann den Gipfel des Berges erreicht habt, werdet ihr mit dem Aufstieg beginnen.

Und wenn endlich die Erde eure Glieder für sich beansprucht, werdet ihr wahrhaft tanzen.

DER ABSCHIED

Nun war es Abend geworden.

Und Al-Mitra, die Seherin, sagte: Gesegnet sei dieser Tag und dieser Ort und dein Geist, der gesprochen hat.

Und er erwiderte: War ich es, der sprach? War ich nicht auch ein Zuhörer?

Dann stieg er die Stufen des Tempels hinab, worauf alle ihm folgten. Und er erreichte sein Schiff und betrat das Deck.

Abermals wandte er sich den Menschen zu, erhob die Stimme und sagte:

Bewohner von Orphalese, der Wind gebietet mir, von euch Abschied zu nehmen.

Weniger in Eile als der Wind, muss ich doch aufbrechen.

Wir Wanderer, die wir immerzu den einsameren Weg suchen, beginnen keinen Tag, wo wir den anderen beendet haben; und kein Sonnenaufgang findet uns vor, wo der Sonnenuntergang uns zurückließ.

Noch wenn die Erde schläft, sind wir unterwegs.

Wir sind die Samen der beharrlichen Pflanze, und in der Reife und Fülle unseres Herzens werden wir dem Wind anheimgegeben und verstreut.

Kurz waren meine Tage unter euch, und kürzer gar die Worte, die ich gesprochen habe.

Aber sollte meine Stimme verstummen in euren Ohren und meine Liebe entschwinden aus eurem Gedächtnis, werde ich wiederkehren,

Und mit reicherem Herzen werde ich mich äußern, mit Lippen, die für den Geist ergiebiger sind.

Ja, zurückkommen werde ich mit der Flut,

Und mag auch der Tod mich verbergen und das tiefere Schweigen mich umfangen, werde ich dennoch euer Verständnis suchen.

Und nicht vergeblich werde ich suchen.

Wenn etwas wahr ist von dem, was ich sagte, wird diese Wahrheit sich offenbaren mit klarerer Stimme und in Worten, die euren Anschauungen verwandter sind.

Ich ziehe mit dem Wind, Bewohner von Orphalese, jedoch nicht hinab in die Leere;

Und hält dieser Tag nicht die Erfüllung eurer Bedürfnisse noch meiner Liebe bereit, so sei er Verheißung auf einen künftigen Tag.

Des Menschen Bedürfnisse ändern sich, nicht aber seine Liebe, nicht sein Wunsch, dass seine Liebe stille seine Bedürfnisse.

Darum wisst, dass ich zurückkehren werde aus dem tieferen Schweigen.

Der Dunst, der im Morgendämmer fortweicht und auf den Feldern nur Tau hinterlässt, wird

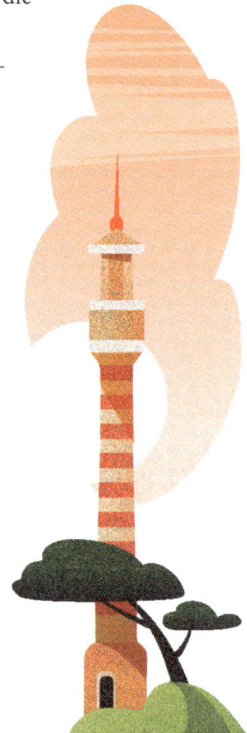

aufsteigen und sich zur Wolke ballen, um dann als Regen herabzufallen.

Und nicht unähnlich dem Dunst bin ich gewesen.

In der Stille der Nacht bin ich durch eure Straßen gewandert, ist mein Geist in eure Häuser eingegangen,

Und eure Herzschläge hallten wider in meinem Herzen, und euer Atemhauch berührte mein Gesicht, und ich kannte euch alle.

Ja, ich kannte eure Freude und euren Schmerz, und die Träume in eurem Schlaf waren meine Träume.

Und manches Mal war ich unter euch ein See inmitten der Berge.

Ich spiegelte die Gipfel in eurem Innern, die abschüssigen Hänge und sogar die vorüberziehenden Herden eurer Gedanken und eurer Wünsche.

Und in mein Schweigen strömte das Lachen eurer Kinder wie Bäche und die Sehnsucht eurer Halbwüchsigen wie Flüsse.

Und wenn sie meine Tiefe erreichten, hörten die Bäche und die Flüsse indes nicht auf zu singen.

Aber noch Anmutigeres als Lachen und Größeres als Sehnsucht drang zu mir.

Es war das Grenzenlose in euch;

Der unermessliche Mensch, in dem ihr alle bloß Zellen und Sehnen seid.

Er, in dessen Gesang all euer Singen nichts als ein lautloses Pochen ist.

In ihm, dem unermesslichen Menschen, seid ihr unermesslich,

Und indem ich ihn erschaute, erschaute ich euch und liebte euch.

Denn welche weiten Wege kann die Liebe zurücklegen, die nicht in jener unermesslichen Sphäre liegen?

Welche Vorstellungen, welche Erwartungen und welche Vermutungen könnten solchen Höhenflug übertreffen?

Wie eine riesige Eiche, übersät mit Apfelblüten, ist der unermessliche Mensch in euch.

Seine Macht bindet euch an die Erde, sein Duft hebt euch empor in den Raum, und in seiner Dauerhaftigkeit seid ihr unsterblich.

Euch wurde gesagt, dass ihr, gleich einer Kette, so schwach seid wie das schwächste eurer Glieder.

Das ist nur die halbe Wahrheit. Ihr seid auch so stark wie das stärkste eurer Glieder.

Wer euch an euren geringsten Taten misst, bewertet die Gewalt des Meeres aufgrund der Flüchtigkeit seiner Gischt.

Wer euch nach euren Fehlschlägen beurteilt, zeiht die Jahreszeiten ihrer Wechselhaftigkeit.

Ja, ihr gleicht einem Meer,

Und wenn auch Schiffe festsitzen an euren Küsten und auf die Flut warten, könnt ihr doch ebenso wenig wie ein Meer den Rhythmus eurer Gezeiten beschleunigen.

Überdies gleicht ihr den Jahreszeiten,

Und auch wenn ihr in eurem Winter verleugnet euren Frühling,

Lächelt doch schlaf-trunken der in euch ruhende Frühling und ist nicht ge-kränkt.

Glaubt nicht, ich würde derlei mitteilen, damit ihr einander

sagen könnt: »Er hat uns hoch gelobt. Nur das Gute sah er in uns.«

Ich spreche zu euch in Worten nur von dem, was ihr in euren Gedanken schon wisst.

Und was ist wörtliches Wissen anderes als ein Schatten des wortlosen Wissens?

Eure Gedanken und meine Worte sind Wellen aus einem versiegelten Gedächtnis, das aufzeichnet unsere gewesenen Zeiten

Und jene unvordenklichen Tage, da die Erde weder uns kannte noch sich selbst,

Und jene wüsten Nächte, da die Erde erschüttert wurde vom Chaos.

Weise Männer sind zu euch gekommen, um euch an ihrer Weisheit teilhaben zu lassen. Ich kam, um an eurer Weisheit teilzuhaben:

Und seht, ich fand, was größer ist als die Weisheit.

Es ist ein flammender Geist in euch, der weiter und weiter anwächst aus sich selbst,

Indes ihr, achtlos gegenüber seiner Entfaltung, das Vergehen eurer Tage beklagt.

Es ist das Leben auf der Suche nach Leben in Körpern, die sich fürchten vor dem Grab.

Hier gibt es keine Gräber.

Diese Berge und Ebenen sind Wiege und Trittstein.

Wann immer ihr am Acker entlangwandert, wo eure Ahnen bestattet liegen, schaut genau hin, und ihr werdet euch selbst und eure Kinder Hand in Hand tanzen sehen.

Wahrlich, oft seid ihr frohgemut, ohne es zu wissen.

Andere sind zu euch gekommen, deren goldene Versprechen, gründend auf eurem Vertrauen, ihr einzig mit Reichtümern, Macht und Ruhm abgegolten habt.

Weniger als ein Versprechen gab ich euch, und doch wart ihr umso großzügiger zu mir.

Ihr gabt mir meinen tieferen Durst auf Leben.

Gewiss kann ein Mensch kein größeres Geschenk empfangen als jenes, das all seine Ziele in trockene Lippen verwandelt und alles Leben in einen sprudelnden Quell.

Und darin liegen meine Ehre und mein Lohn:

Dass ich, wann immer ich zur Quelle gelange, um zu trinken, entdecke, wie durstig das lebendige Wasser selbst ist.

Und während ich es trinke, trinkt es mich.

Manche von euch hielten mich für zu stolz und zu scheu, Geschenke anzunehmen.

Tatsächlich bin ich zu stolz, um Entgelt anzunehmen, nicht aber Geschenke.

Und habe ich auch von Beeren gespeist auf den Hügeln, als ihr mich zu eurem Tisch einludet,

Und genächtigt in der Säulenhalle des Tempels, als ihr mit Freude mir eine Unterkunft anbotet,

War es da nicht eure liebevolle Anteilnahme an meinen Tagen und Nächten, welche meinem Mund die Nahrung versüßte und meinen Schlaf mit Gesichten umsäumte?

Dafür segne ich euch am meisten:

Ihr gebt viel und seid euch nicht bewusst, dass ihr überhaupt etwas gebt.

Wahrlich, die Freundlichkeit, die im Spiegel sich selbst betrachtet, erstarrt zu Stein,

Und die gute Tat, die sich Kosenamen beilegt, wird zum Auslöser eines Fluchs.

Einige von euch haben mich unnahbar genannt, berauscht von meinem Alleinsein,

Und ihr habt gesagt: »Er hält Rat mit den Bäumen des Waldes, aber nicht mit Menschen.

Auf Bergkuppen sitzt er ohne Begleitung und blickt auf unsere Stadt herab.«

Es stimmt, ich habe die Berge bestiegen und entlegene Orte aufgesucht.

Wie hätte ich euch sehen können, wenn nicht aus großer Höhe oder mit weitem Abstand?

Wie kann einer nah sein, außer er ist fern?

Und andere unter euch sandten mir wortlos einen Ruf und sagten:

»Fremder, Fremder, der du schwindelerregende Höhen liebst, warum verweilst du auf Gipfeln, wo Adler ihre Nester bauen?

Warum suchst du das Unerreichbare?

Welche Stürme willst du mit deinem Netz fangen –

Und welche geisterhaften Vögel jagst du am Himmel?

Komm und sei einer von uns.

Steige herab, stille deinen Hunger mit unserem Brot und lösche deinen Durst mit unserem Wein.«

So sprachen sie in der Einsamkeit ihrer Seelen.

Doch wäre ihre Einsamkeit tiefer gewesen, hätten sie gewusst, dass ich nichts anderes suchte als das Geheimnis eurer Freude und eures Leidens,

Dass ich einzig euer größeres Selbst verfolgte, das durch den Himmel wandelt.

Aber der, der jagte, war zugleich der, der gejagt wurde;

Denn viele meiner Pfeile sind vom Bogen nur abgeschnellt, um sich auf meine Brust zu richten.

Und der, der flog, war auch der, der kroch;

Denn breiteten sich meine Flügel in der Sonne aus, war ihr Schatten auf der Erde eine Schildkröte.

Und der, der glaubte, war ebenso der, der zweifelte;

Denn oftmals habe ich den Finger in die eigene Wunde gelegt, um den tieferen Glauben an euch, das größere Wissen von euch zu erlangen.

Und mit diesem Glauben und diesem Wissen sage ich:

Ihr seid nicht eingeschlossen in eure Körper, noch gebunden an Häuser oder Felder.

Was ihr zuinnerst seid, wohnt über den Bergen und schweift umher mit dem Wind.

Es ist kein Wesen, das um der Wärme willen in die Sonne kriecht oder der Sicherheit wegen Höhlen ins Dunkle gräbt,

Sondern etwas Freies, ein Geist, der die Erde umfasst und sich im Äther bewegt.

Sind diese Worte unklar, so versucht nicht, sie zu klären.

Unklar und nebelhaft ist der Anfang aller Dinge, doch nicht ihr Ende,

Und ich wünschte, ihr würdet mich als einen Anfang erinnern.

Das Leben und alles Lebendige wird im Dunst empfangen, nicht im Kristall.

Und wer weiß, ob ein Kristall nicht das ist, was übrig blieb vom Dunst?

Mögt ihr daran euch erinnern, wenn ihr meiner gedenkt:

Was in euch am schwächsten und wirrsten scheint, ist gerade das Stärkste und Bestimmteste.

Ist es nicht euer Atem, der euer Knochengerüst aufgerichtet und gefestigt hat?

Und ist es nicht ein Traum, dessen keiner von euch sich entsinnt, der eure Stadt erbaute und allem darin Gestalt verlieh?

Könntet ihr nur die Gezeiten dieses Atems sehen, würdet ihr aufhören, alles Übrige zu sehen.

Und könntet ihr das Flüstern des Traumes hören, würdet ihr kein anderes Geräusch mehr hören.

Aber ihr seht nicht, noch hört ihr, und es ist gut so.

Der Schleier, der eure Augen umschattet, wird gehoben werden von den Händen, die ihn webten,

Und der Lehm, der eure Ohren ausfüllt, wird durchbohrt werden von jenen Fingern, die ihn kneteten.

Und ihr werdet sehen.

Und ihr werdet hören.

Doch ihr werdet nicht beklagen, die Blindheit gekannt zu haben, noch bedauern, taub gewesen zu sein.

Denn an diesem Tag werdet ihr aller Dinge verborgenen Sinn erkennen,

Und ihr werdet die Dunkelheit segnen, wie ihr das Licht segnen würdet.

Nachdem er dies geäußert hatte, schaute er sich um und sah am Steuerrad den Lotsen stehen, dessen Blick bald auf die geblähten Segel geheftet war, bald in die Ferne schweifte.

Und er sprach:

Geduldig, überaus geduldig ist der Kapitän meines Schiffes.

Der Wind bläst, und unruhig flattern die Segel;

Selbst das Ruder bittet um Führung.

Doch still wartet mein Kapitän, bis ich verstumme.

Und diese meine Seeleute, die den Chorgesang der hohen See vernommen haben, auch sie lauschten mir geduldig.

Nun sollen sie nicht länger harren.

Ich bin bereit.

Der Fluss hat das Meer erreicht, und abermals hält die große Mutter ihren Sohn an die Brust.

Lebt wohl, Bewohner von Orphalese.

Dieser Tag neigt sich dem Ende.

Er schließt sich um uns, wie die Wasserlilie sich um ihr eigenes Morgen schließt.

Was uns hier zuteilwurde, werden wir bewahren,

Und wenn es nicht genügt, müssen wir aufs Neue zusammenkommen und gemeinsam dem Geber unsere Hände entgegenstrecken.

Vergesst nicht: Ich werde zu euch zurückkehren.

Eine kleine Weile noch, dann wird meine Sehnsucht Staub und Gischt sammeln für einen weiteren Körper.

Eine kleine Weile noch, eine kurze Rast im Wind, und eine andere Frau wird mich gebären.

Lebt wohl, ihr und die Jugend, die ich mit euch verbrachte.

Erst gestern war es, dass wir uns in einem Traum begegnet sind.

In meiner Abgeschiedenheit habt ihr für mich gesungen, und aus euren Sehnsüchten habe ich einen Turm im Himmel erbaut.

Aber jetzt ist unser Schlaf entflohen und unser Traum vergangen, und nicht länger herrscht das Morgenrot.

Der Mittag ist über uns gekommen, unser halbes Wachen zu vollerem Tag geworden, und wir müssen auseinandergehen.

Sollten wir im Dämmer der Erinnerung noch einmal zueinander finden, werden wir unser Gespräch fortführen, und ihr werdet mir ein tieferes Lied singen.

Und sollten unsere Hände sich in einem anderen Traum berühren, werden wir einen weiteren Turm im Himmel erbauen.

Mit diesen Worten gab er den Seeleuten ein Zeichen, und sogleich lichteten sie den Anker, lösten die Vertäuung, und das Schiff nahm Fahrt auf gen Osten.

Und aus der Menge erhob sich ein Aufschrei wie aus einem einzigen Herzen, stieg empor ins Abendrot und wurde über das Meer getragen wie ein gewaltiger Posaunenstoß.

Nur Al-Mitra blieb stumm, starrte dem Schiff hinterher, so lange, bis es im Dunst verschwunden war.

Und als alles Volk sich zerstreut hatte, stand sie noch immer allein auf dem Damm und erinnerte sich im Herzen seiner Worte:

»Eine kleine Weile noch, eine kurze Rast im Wind, und eine andere Frau wird mich gebären.«

ÜBER DIE AUTOREN

KHALIL GIBRAN

Khalil Gibran (1883–1931) war ein libanesisch-amerikanischer Maler, Dichter und Schriftsteller. Geboren im Libanon, emigrierte er in jungen Jahren mit seiner Familie in die USA, wo er Kunst studierte und seine literarische Karriere begann. Gibran verbindet philosophische Strömungen des Orients, wie z. B. den Sufismus, mit westlichen, durch das Christentum beeinflussten Philosophien. Sein Hauptwerk, der Weltbestseller *Der Prophet,* hat sich millionenfach verkauft.

RUPI KAUR

Die indisch-kanadische Schriftstellerin und Illustratorin Rupi Kaur wurde 1992 in Punjab geboren. Ihr erster Gedichtband *Milk and Honey* erschien 2014, stand über ein Jahr auf der *New-York-Times*-Bestsellerliste und wurde in mehr als dreißig Sprachen übersetzt. *The Sun and her Flowers* erschien 2017.

ÜBER DEN ILLUSTRATOR UND DIE ÜBERSETZER

Mats Bergen lebt als Illustrator, Maler und Opernsänger in Athen, Berlin und Wien. Er studierte Malerei an der Akademie der bildenden Künste in Wien. Er bebildert Beauty- und Lifestyle-Editorials für *Cosmopolitan*, *Freundin* und *Brigitte* und illustrierte bereits Kampagnen für Marken wie Volvo, Melitta, Nivea und Austrian Airlines.

Jochen Winter lebt als Lyriker, Essayist und Übersetzer in Paris und Sant'Alfio/Sizilien. Er erhielt das Jahresstipendium der Konrad-Adenauer-Stiftung sowie den Ernst-Meister-Preis und ist korrespondierendes Mitglied der Académie Européenne de Poésie in Luxemburg. Zuletzt wurde er mit dem Literaturpreis der A und A Kulturstiftung ausgezeichnet.

Anna Julia Strüh lebt als freie Übersetzerin in Leipzig. 2018 übersetzte sie Rupi Kaurs Lyrikband *Die Blüten der Sonne*.